원작 영화를 바탕으로 한

해리포터 **종이접기**

VOLUME 2

Harry Potter Origami Vol.2

옮긴이 서나연

숙명여자대학교를 졸업하고 연세대학교에서 비교문학으로 석사학위를 받았다. 현재 번역 에이전시 엔터스코리아에서 번역가로 활동하고 있다.
옮긴 책으로는 《움직이는 종이접기》《패션 종이접기》《코바늘 손뜨개 귀여운 동물 소품》 등이 있다.

감수자 오경란

현재 (사)한국종이접기협회의 창작위원회 위원으로 활동하고 '창의인재 육성을 위한 체험 수학 종이접기' 프로그램 개발에 참여했다.
《놀라운 리얼 종이접기 2~4》 등을 감수했으며, 2009~2018년 전국 종이접기 과학 창작작품 공모전에서 다수의 상을 수상했다.

해리포터 종이접기 2 | **1판 1쇄 발행** 2023년 8월 15일 | **발행인** 김기중 | **펴낸곳** 도서출판 에밀 | **주소** 서울시 마포구 동교로 43-1 (04018) | **전화** 02-3141-8301 |
팩스 02-3141-8303 | **이메일** info@theforestbook.co.kr | **페이스북·인스타그램** @theforestbook | **출판신고** 2012년 10월 10일 제2012-000321호
ISBN 979-11-86706-17-6 (13630) * 에밀은 도서출판 더숲의 실용지식 브랜드입니다.

차례

* 번개의 수만큼 난이도 상승!

마법 속으로

종이접기는 종이를 접어 동물과 사물, 건물 등 다양한 형태를 만드는 기술이나 놀이를 말합니다.
나이트 버스, 그리핀도르 사자, 호그와트 문장, 디멘터 등 이 책에서 배울 것들은
몇 가지 기본 접기와 기본형을 조합해 만듭니다. 복잡한 작품을 만들기 전에
먼저 기본 접기를 익혀 두면 도움이 될 것입니다.

이 책에서 많이 쓰이는 기본 접기와 기본형을 자세히 알아봅시다.

팁 : 책에 소개된 작품 순서대로 접어 완성할 것을 추천한다.

종이접기 기호

종이접기를 설명하는 방식은 지난 50여 년 동안 발전하면서 세밀해졌으며, 핵심이 되는 15가지 접기 기호는
변함없이 꾸준히 활용된다. 본격적으로 종이접기를 시작하기 전에 먼저 이 기호들을 살펴보자.
공통되게 사용되는 이 기호들을 알아 두면 작품의 도면을 이해하는 데 필요한 정보를 충분히 얻을 수 있다.
조금만 연습하면 금세 익숙해져 큰 어려움 없이 기호를 보며 따라 접을 수 있을 것이다.

접기 화살표

한쪽 끝에
화살촉이 있는 실선은
접는 방향을 나타낸다.

기본 대각선 접기처럼
접는 방향이 중요하지 않은 경우,
색이 있는 화살촉이 양쪽에 있다.

나중에 시용할 기준선을 만들기 위해
접었다 펴는 경우가 많다.
이와 같이 '접었다 펴기'를 나타낼 때는
선의 한쪽에는 색이 있는 화살촉이,
다른 한쪽에는 색이 없는 화살촉이 있다.

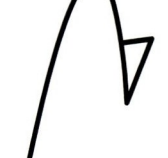

색이 없는 반쪽 화살표는
산접기를 나타낸다.

접었다 편 기준선은
매우 가는 실선으로 나타낸다.

기초 접기

종이접기에서 가장 기본이 되는 방법 두 가지는 **골짜기접기**와 **산접기**다.

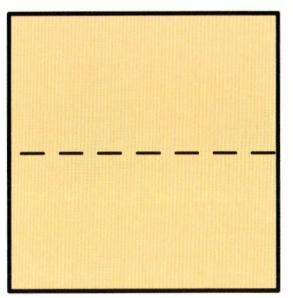
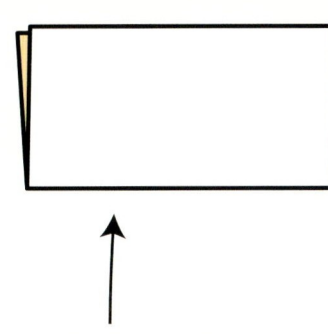

골짜기접기

골짜기접기는 종이의 한쪽 모서리를
맞은편 모서리에 맞추어 접는 것이다.
이것을 펼치면 주름의 양옆이 조금 올라가
가운데가 계곡처럼 보이는 V자 모양이 생긴다.
골짜기접기는 점선으로 표시한다.

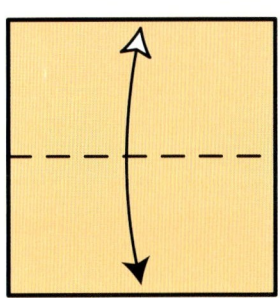

골짜기접기로
접었다 편
모양이다.

연습만이 최선!

종이접기를 이제 막 시작한
경우라면 먼저 여분의 종이로
연습해 보자. 종이는 클수록 좋다.
책에 소개된 작품 중에는
접는 방법이 꽤 복잡한 것도
있는데, 종이가 크면 형태와
접은 선을 알아보기가 쉬워서
도움이 된다.

산접기

골짜기접기를 뒤집으면 산접기가 된다.
즉 골짜기접기와 산접기는 언제나 동시에 만들어진다.
산접기선을 나타내는 기호는 대시와 점 두 개가
반복되는 선이다. 산접기는 색이 없는
반쪽 화살표로 표기한다.

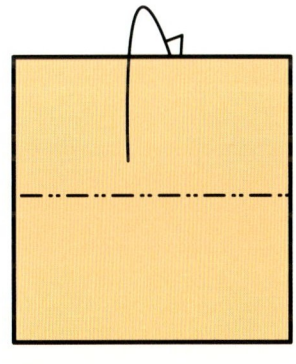

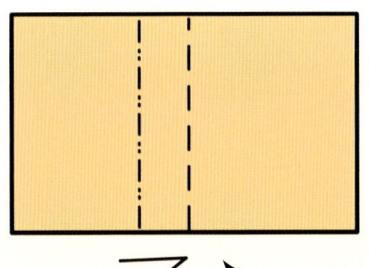
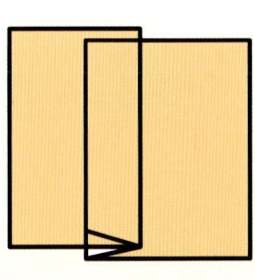

계단접기

계단접기는 골짜기접기와 산접기를
번갈아 접는 방법이다.
접는 순서는 중요하지 않다!

종이 돌리기와 뒤집기

기본 접기 두 가지를 연습했으니 종이를 방향에 맞게 놓는 방법을 연습해 보자.

뒤집기 화살표

이 기호는 중요한 것으로
종이를 뒤집으라는 뜻이다.

중요!
종이를 뒤집는 동작은 책을 읽으면서
다음을 보려고 페이지를 넘기는 것과 같다.

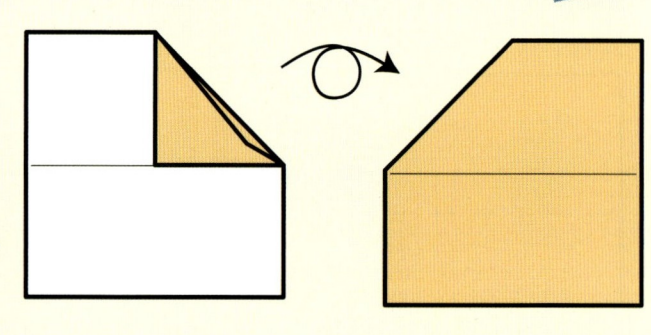

 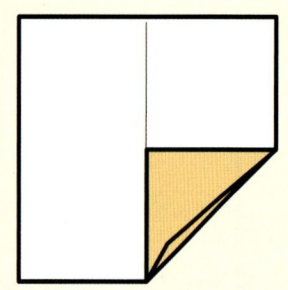

90도 회전 화살표

도면에서 이 기호는 종이를
90도 이하로 돌리라는 뜻이다.
종이를 돌리는 이유는 다음 단계에서
접기 편한 방향이나 보기에 편한
방향으로 놓기 위해서다.

180도 회전 화살표

종이를 돌려서 아래가 위가 되도록 놓는다.
이때 종이를 뒤집는 것과 혼동하지 않도록 주의한다.
회전하는 기호가 보이면
옆의 그림처럼 종이를 돌린다.

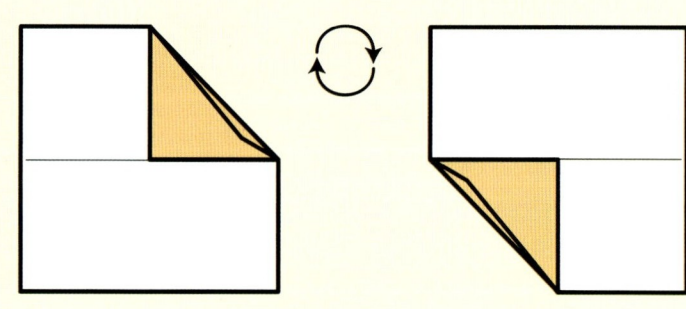

접는 요령

점선에 맞추어 접기

모서리를 어디에 맞추어 접어야 할지 알아보기 어려울 때가 있다.
그런 경우에는 다음 순서의 그림을 미리 확인하면 도움이 된다.
이 책에서는 맞추어 접어야 할 위치를 알기 쉽도록
점선으로 표시했다.

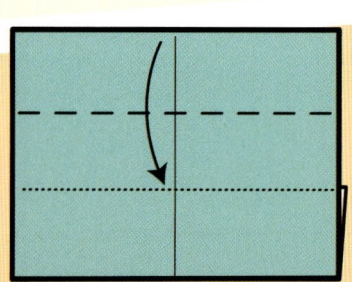

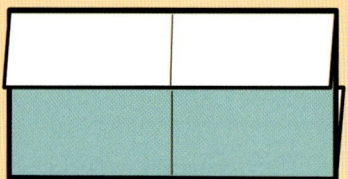

고급 접기

이 기호들을 익혀 두면 책에 소개된 복잡한 작품도 어렵지 않게 접을 수 있다.

빼내어접기

안으로 접혀 있는 종이를 빼내야 할 때가 있다. 색이 없는 화살표는 당겨 빼내기, 다시 펴기, 조심스럽게 빼기 등을 나타낸다. 이를 위해 종이를 부분적으로 다시 펼쳐야 할 수도 있지만, 일반적으로 간단하다.

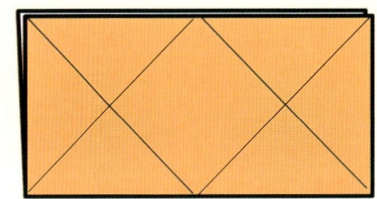

안쪽으로 접기

검은 삼각형은 살짝 누르거나 안으로 밀어 넣으라는 뜻이다. 이 작은 삼각형 표시는 안쪽으로 접기, 양면을 동시에 누르기 등을 해야 할 때 사용된다.

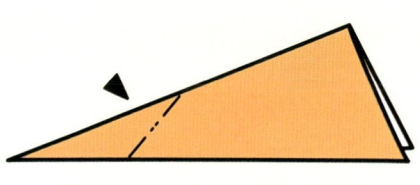

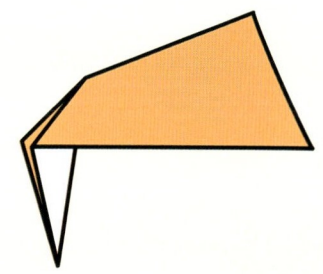

반복 화살표

예를 들어 정사각형의 모서리 네 곳 모두 같은 방법으로 접을 때처럼 같은 과정을 반복해야 할 경우, 이 반복 화살표를 사용한다. 그리고 몇 번 반복해야 할지는 다음 그림을 참조하여 확인한다.

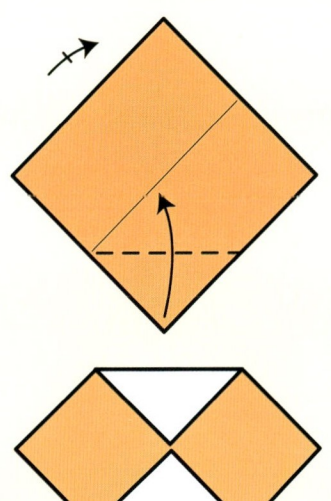

접는 요령

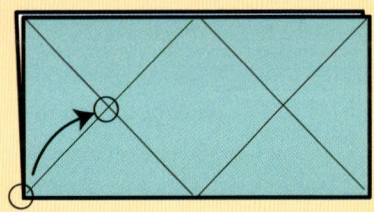

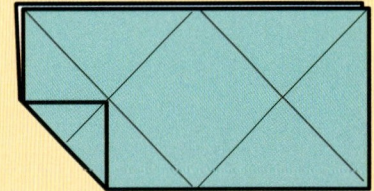

원에 맞추어 접기

이 책은 많은 도면에서 작은 동그라미를 볼 수 있다. 이 동그라미는 어디에서 어디까지 접어야 하는지 정확한 위치를 나타내기 위해 사용한다.

나이트 버스

보랏빛 3층 버스인 나이트 버스는 발이 묶인 마법사를 태워 원하는 곳으로 데려다 준다.
영국인 마법사 어니 프랭은 엄청난 속도로 버스를 몰아서 승객들은
어디든 꽉 붙잡고 있어야 한다. 해리가 마지 고모를 풍선처럼 부풀어 오르게 만들어
더즐리네 집에서 나와야 할 때, 그를 구조해 주는 것이 바로 이 버스다.
나이트 버스에는 한 층에 3명씩, 총 9명이 탈 수 있다.

난이도 :

나이트 버스 만들기

나이트 버스에 모두 승차하십시오!
다음 정거장은 리키 콜드런입니다.
이 종이접기 버스는 버스 운전사
어니와는 달리 천천히
점잖게 다루어야 한다.

종이를 이 방향으로
놓은 다음
뒤집어 시작한다.

1 흰색이 앞면이 되도록 놓고
반으로 접은 다음 양쪽 끝을
눌러 표시를 하고 편다.

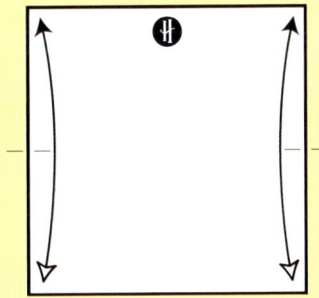

2 아래에서 4분의 1 지점의
양쪽 끝을 눌러 표시를 하고
위도 같은 방법으로 접는다.

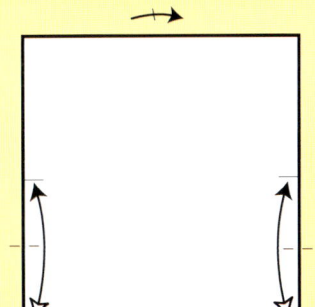

3 아래쪽 가장자리를 바로 위 기준선에
맞추어 접었다 편다.
위도 같은 방법으로 접는다.

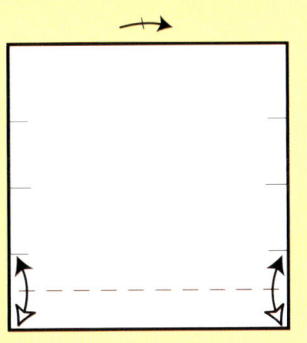

4 아래쪽 모서리를 맨 위 기준선에
맞추어 접었다 편다.
위도 같은 방법으로 접고 뒤집는다.

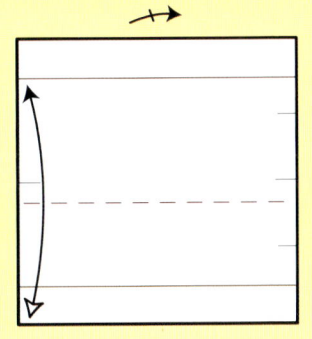

5 점선 부분을 접었다 편다.
나머지 세 곳도
반복한다.

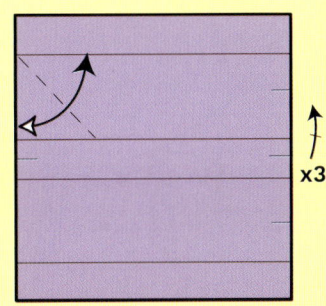

x3

6 종이를 뒤집어
90도 돌린다.

7 동그라미 두 곳을
지나는 가로 선을
접는다. 위도 같은
방법으로 접은 뒤
90도 돌린다.

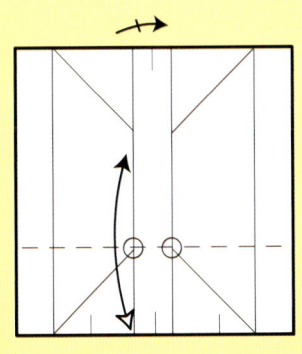

9

8 접어 놓은 선들을 이용해
버스를 입체로 만들기 시작한다.

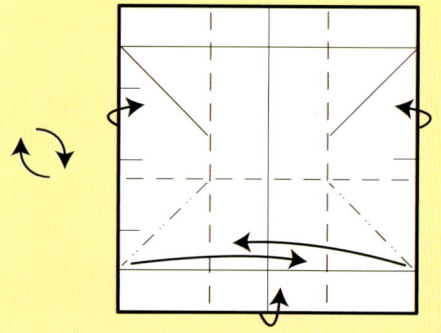

9 계속해서 접는다.

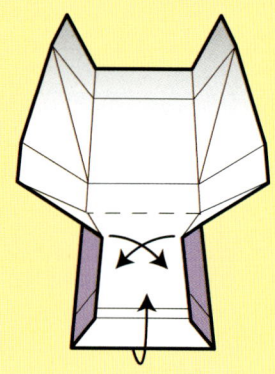

10 순서 9를 접으면 아래 그림과 같다.
종이를 모두 점선에 맞추어
접어 내린다.

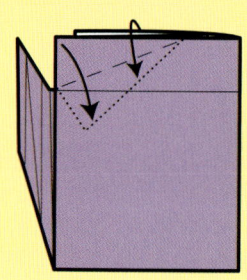

11 오른쪽도
같은 방법으로
접는다.

12 이제 동그라미 부분을
확대해 보자.

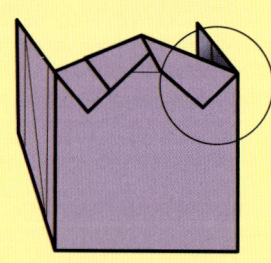

13 모서리를 점선에 맞추어
접는다.

14 왼쪽도 같은 방법으로
접는다.

15 바퀴 부분은 접지 않고
산접기선을 기준으로 위쪽 모서리를
회전하듯이 넘겨 접는다.

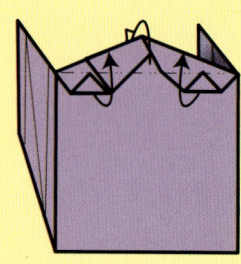

16 반대쪽도 같은 방법으로
바퀴 두 개를 완성한 뒤
180도 돌린다.

10~14

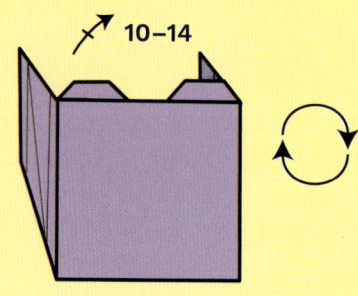

완성!

래번클로 까마귀

구성 1개

래번클로 까마귀는 래번클로 기숙사를 상징하는 동물이다.
호그와트의 기숙사 네 곳 중 하나인 래번클로는
중세의 뛰어난 마녀 로위너 래번클로에게서 이름을 따왔다.
그녀는 고드릭 그리핀도르, 살라자르 슬리데린, 헬가 후플푸프와 함께 호그와트를 설립했다.
래번클로의 학생들은 재치 있고 창의적이며 지혜로우면서 개방적이다.
필리우스 플리트윅, 루나 러브굿, 초 챙, 길더로이 록하트는 모두 래번클로 소속이다.

난이도 : ⚡ ⚡ ⚡ ⚡ ⚡

래번클로 까마귀 만들기

이 마법의 동물을 완성하면
너무 기뻐서 까마귀처럼 깍깍 소리를
지르게 될 것이다!

종이를 이 방향으로
놓은 다음
뒤집는다.

1 두 대각선을
접었다 편다.

2 양쪽 아래 가장자리를 중심선에
맞추어 접었다 편다.
위쪽 가장자리도 똑같이 접었다 편다.

3 왼쪽 위아래 가장자리를
중심선에 맞추어 모아 접는다.
이때 생기는 날개는 아래로
내려 접는다.

4 오른쪽도 순서 3과
같은 방법으로 접는다.

5 아래 모서리를 뒤로
올려 접는다.

6 왼쪽 아래 모서리를
점선에 맞추어 접는다.

7 오른쪽도 순서 6과
같은 방법으로 접는다.

8 작은 모서리 두 개를
접어 올린다.

9 종이를 뒤집고
방향을 돌린다.

RAVENCLAW™

12

10 아래 모서리를 점선에 맞추어 접는다.

11 3분의 1 각도로 기준선을 두 개 만든다.

12 기준선 세 개를 골짜기접기선으로 모아 접어 평편하게 누른다.

13

A : 그림과 같이 가장자리를 접었다 편다.
B : 부리 부분을 오른쪽으로 넘긴다.

14 왼쪽도 오른쪽과 같이 접었다 편다.

15 순서 12번과 같은 방법으로 접는다.

완성!

보너스!
단면 색종이를 사용하여 순서에 따라 접어 보자.

1 12쪽의 순서 2까지 접는다. 양쪽에 표시를 하여 기준선을 만들고 뒤집는다.

2 양쪽 모서리를 기준선에 맞추어 접는다.

3 12쪽의 순서 3−5와 같은 방법으로 접고 뒤집는다.

4 아래 두 모서리를 점선에 맞추어 접는다.

5 양쪽 모서리를 뒤로 넘겨 접는다. 종이를 180도 돌려 위의 순서 10−15와 같은 방법으로 접는다.

6 이제 동그라미 부분을 확대해 보자.

7 접어 올린다.

8 들어서 펼쳐 눌러 세운다.

9 오른쪽도 순서 7−8과 같은 방법으로 접는다. 부리를 세운다.

7−8

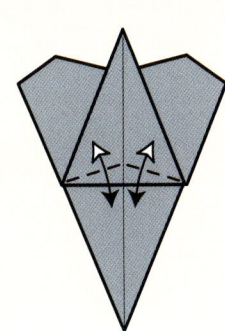
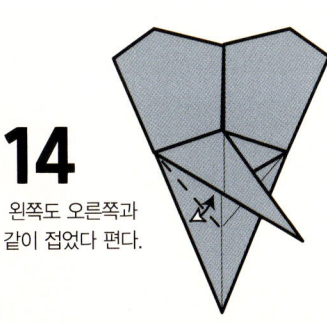
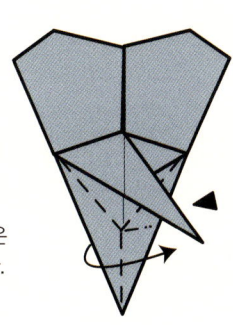
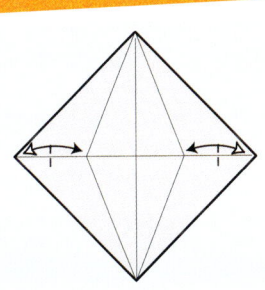
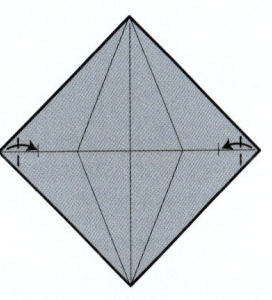
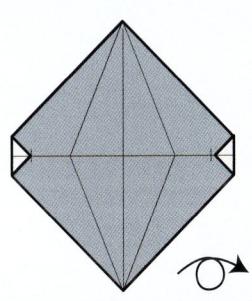
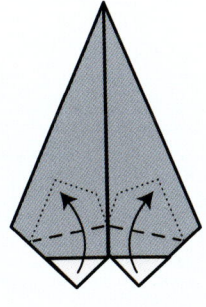
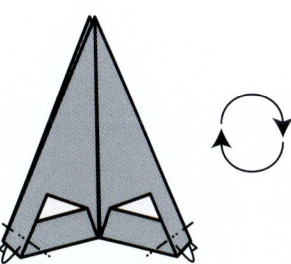
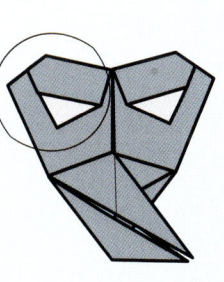
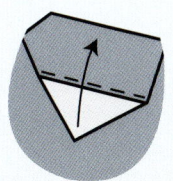
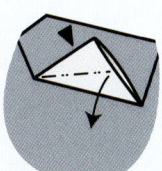
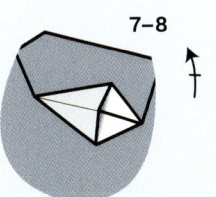

완성!

그리핀도르 사자

구성 1개

이 사자는 호그와트 마법학교의 기숙사 네 곳 중 하나인 그리핀도르를 상징한다.
그리핀도르 학생들은 용감무쌍하고 단호하며 대담하여 마치 사자와 같다.
그리핀도르 기숙사의 이름은 호그와트를 설립한 네 명 가운데 한 사람인
고드릭 그리핀도르에게서 따왔다. 해리 포터, 헤르미온느 그레인저, 네빌 롱보텀,
미네르바 맥고나걸과 위즐리 가족의 론, 프레드, 조지, 지니는 모두 그리핀도르 소속이다.

난이도 : ⚡⚡⚡⚡⚡

그리핀도르 사자 만들기

간단한 단계를 따라서 나만의 멋진 그리핀도르 사자를 만들어 보자. 물지는 않으니 걱정하지 않아도 된다!

종이를 이 방향으로 놓고 시작한다. →

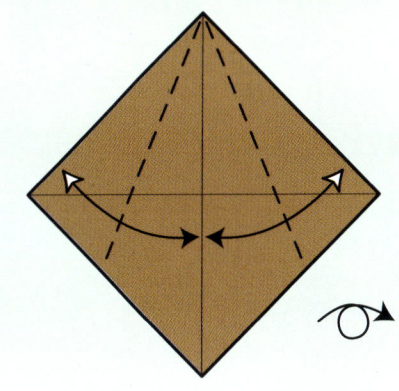

1 두 대각선을 접었다 편다.

2 위 양쪽 가장자리를 중심선에 맞추어 접었다 편 다음 뒤집는다.

3 동그라미 표시를 기준으로 접었다 편다.

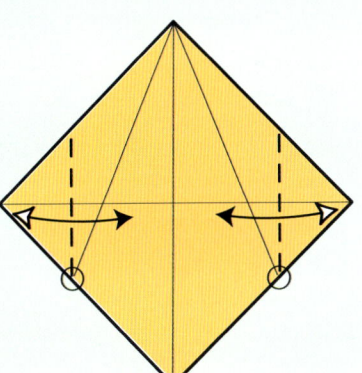

4 세로 기준선에 맞추어 접는다.

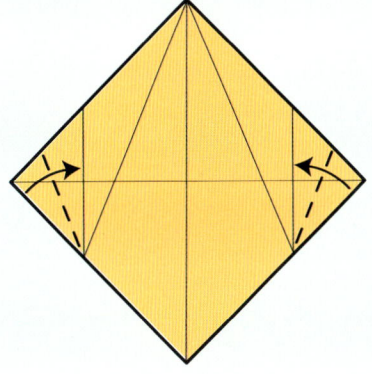

5 순서 3에서 접은 세로 기준선을 따라 접는다.

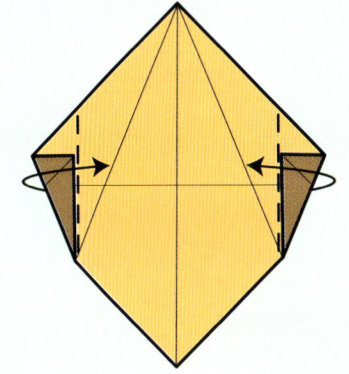

6 위쪽 모서리를 (가상의) 점선에 맞추어 가운데만 눌러 표시를 한다. 동그라미 부분을 확대해 보자.

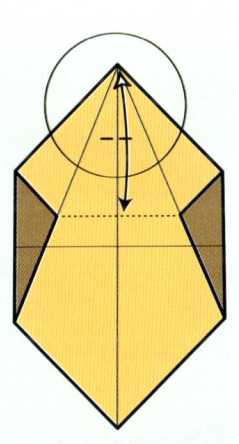

7 위쪽 모서리를 만들어 둔 표시에 맞추어 접었다 편다.

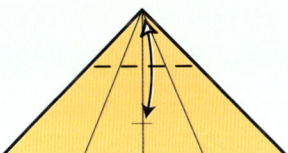

8 위쪽 모서리를 순서 7에서 접은 선에 맞추어 접는다.

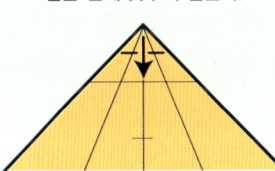

9 한 번 더 접어 내린다.

10 접은 모양이 그림과 같다면 종이를 뒤집는다.

11 기준선에 맞추어 접는다.

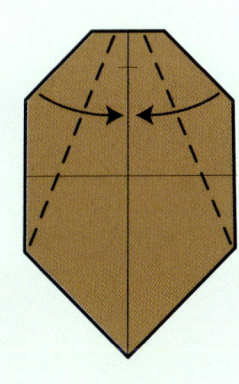

12 가장자리를 따라 아래로 접는다.

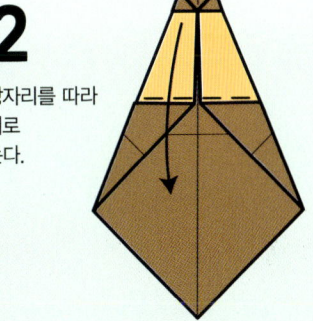

13 코 부분을 위로 접어 올린다.

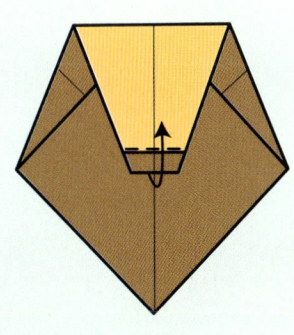

14 아래 모서리를 코 부분 2분의 1 지점에 맞추어 접었다 편 다음 뒤집는다(순서 19 참고).

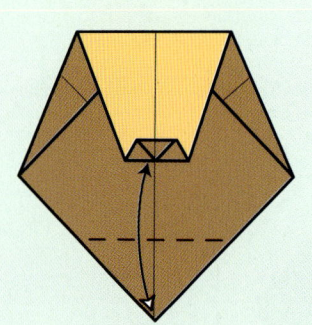

15 동그라미끼리 만나도록 접었다 편다. 반대쪽도 같은 방법으로 접는다.

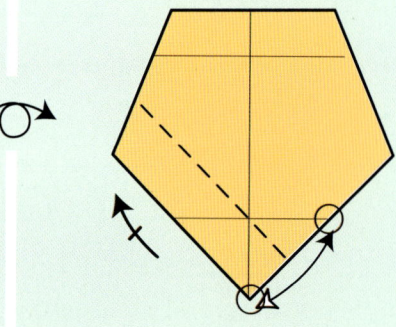

16 기준선들을 이용해 모아 접는다.

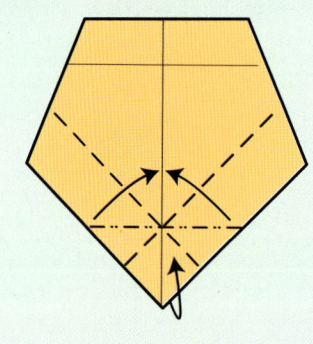

17 아래쪽 반을 뒤로 접으면서 마름모의 윗부분을 아래로 내린다.

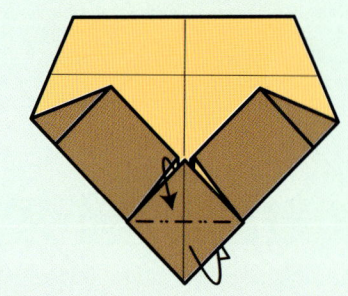

18 골짜기선을 따라 기준선을 만들고 뒤집는다.

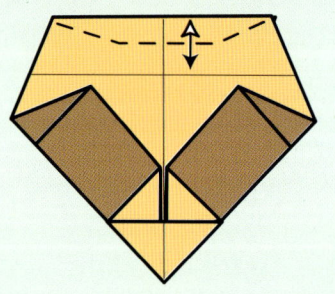

19 동그라미 부분을 확대해 보자.

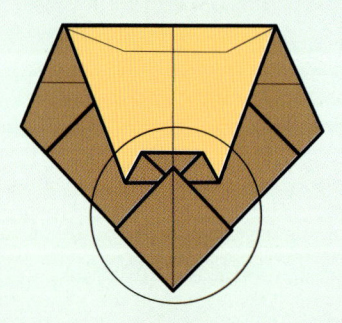

20 마름모의 위쪽 모서리를 접어 내린다. 입 크기는 원하는 대로 정할 수 있다.

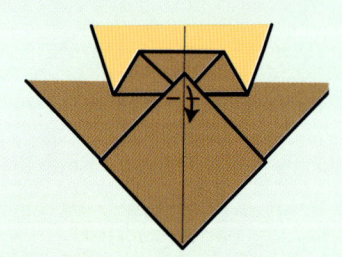

21 한 번 더 접는다.

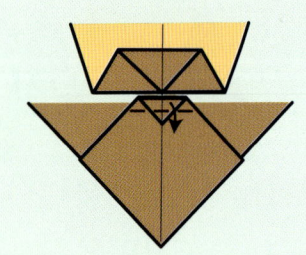

22 머리의 가장자리들을 잘 다듬어 입체적으로 모양을 잡는다.

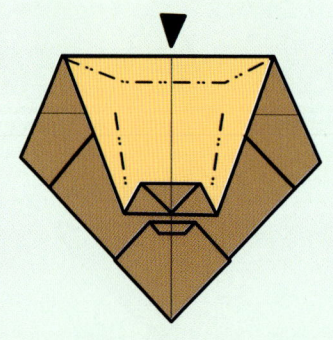

완성!

후플푸프 오소리

후플푸프 오소리는 그리핀도르와 마찬가지로 호그와트의 기숙사 네 곳 중 하나인
후플푸프를 상징하는 동물이다. 후플푸프라는 이름은 존경받는 중세의 마녀이자
호그와트의 설립자 네 명 중 한 사람인 헬가 후플푸프에게서 따왔다.
후플푸프의 학생들은 성실하고, 인내심이 강하며 공정하고 겸손하다고 알려져 있다.
트라이위저드 우승자인 세드릭 디고리와 그의 한참 선배이자
《신비한 동물 사전》의 저자인 뉴트 스캐맨더도 후플푸프 소속이다.

난이도 : ⚡⚡⚡⚡⚡

후플푸프 오소리 만들기

후플푸프 학생처럼 열심히 하면
이 종이접기 오소리도
단숨에 완성할 수 있다!

← 종이를 이 방향으로
놓고 시작한다.

1 종이의 흰색을 앞면으로 하여 반으로 접었다 편다.

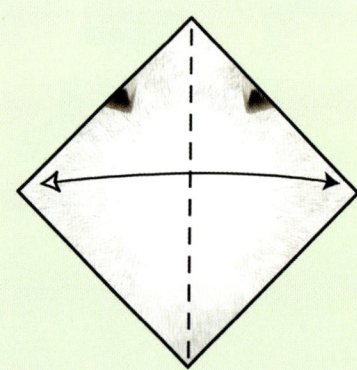

2 순서 3을 참고하여 아래 모서리를 위쪽 모서리와 간격을 조금 두고 동그라미 부분에 맞추어 접는다.

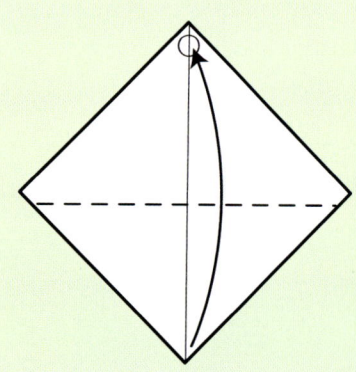

3 동그라미 표시한 곳까지 접었다 편다. 오른쪽도 같은 방법으로 접는다.

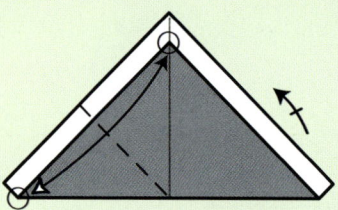

4 왼쪽 모서리를 안쪽으로 접기 한다. 오른쪽도 같은 방법으로 접는다.

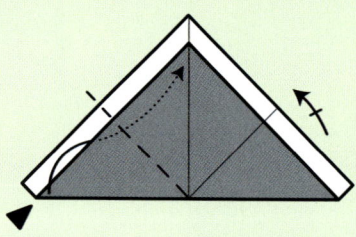

5 접은 모양이 그림과 같다면 종이를 뒤집는다.

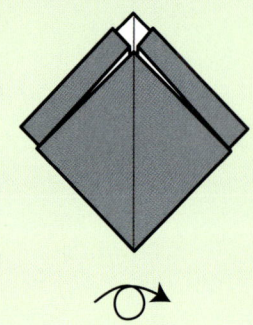

6 가장자리를 (가상의) 점선에 맞추어 3분의 1 정도 접었다 편다. 오른쪽도 같은 방법으로 접는다.

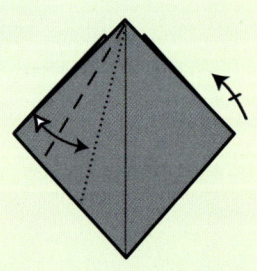

7 양쪽 모서리를 안쪽으로 접기 한다.

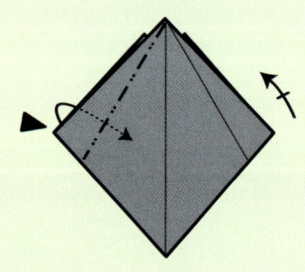

8 그림과 같은 모양이 된다. 종이를 뒤집는다.

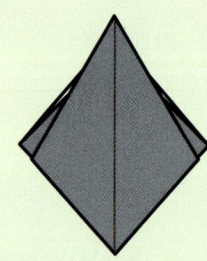

9 윗장을 접어 내린다.

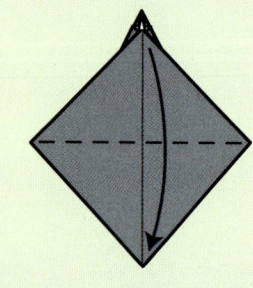

18

10
표시된 부분을 접었다 편다.

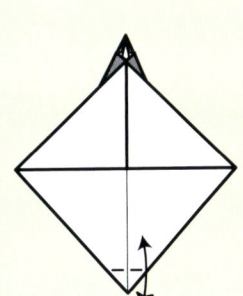

11
순서 12의 그림을 참고하며
왼쪽 윗장을 접어 내린다.

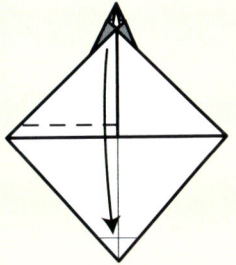

12
오른쪽도 같은 방법으로
접는다.

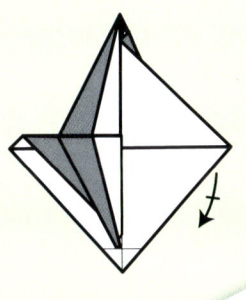

13
윗장만 모서리를
위로 접어 올린다.

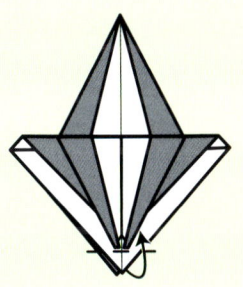

14
종이를 당겨 펼쳐서 점선을 따라
뒷장에 골짜기접기선이 생기도록
평편하게 만든다.

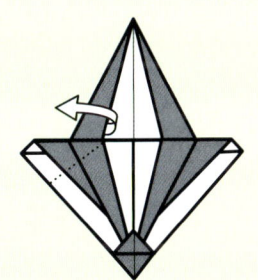

15
오른쪽도
같은 방법으로 접는다.

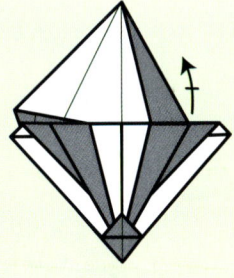

16
접은 모양이 그림과 같다면
종이를 뒤집는다.

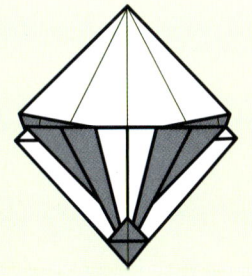

17
위쪽 모서리를
아래 모서리에 맞추어 접어 내린다.

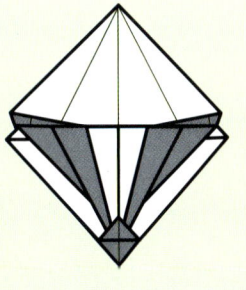

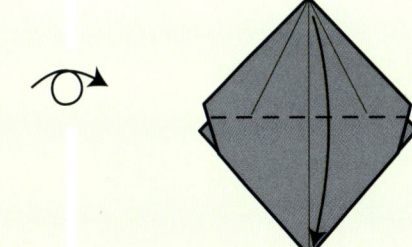

18 위 두 겹을 순서 6에서 만든 기준선을 따라 접는다.

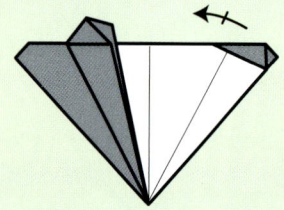

19 오른쪽도 같은 방법으로 접는다.

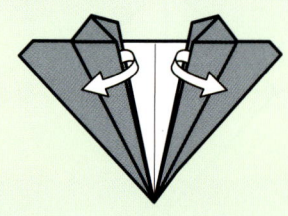

20 맨 윗장만 바깥쪽으로 벌린다.

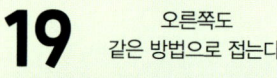

21 가운데 윗장의 양쪽 가장자리가 동그라미 표시를 지나도록 접어 올린다.

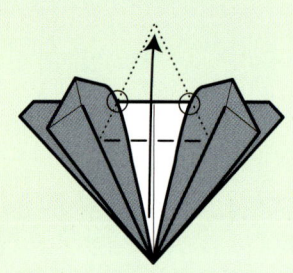

22 모서리를 뒤로 접어 주머니 안으로 끼워 넣는다.

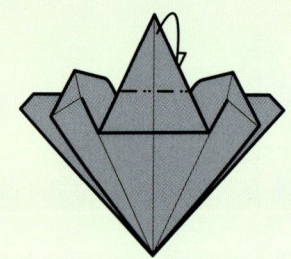

23 옆 날개들을 다시 중심 쪽으로 모아 접는다.

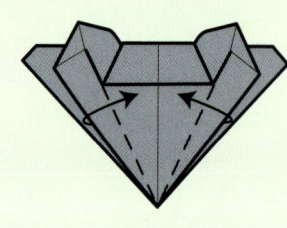

24 이제 동그라미 부분을 확대해 보자.

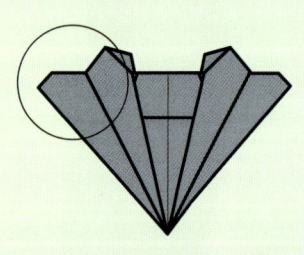

25 동그라미 표시끼리 만나도록 접는다.

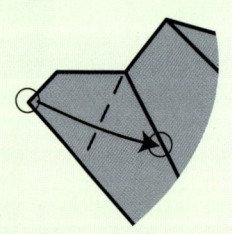

26 윗장 아래를 밀어 넣는다.

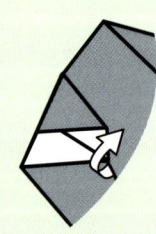

27 오른쪽도 순서 25-26과 같은 방법으로 접어 넣는다.

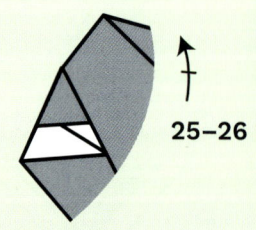

25-26

28 이제 동그라미 부분을 확대해 보자.

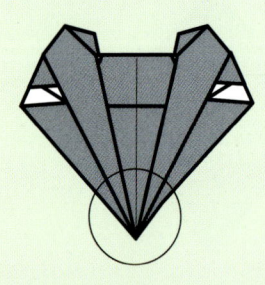

29 모서리를 뒷장 가장자리와 일치하도록 접어 올린다.

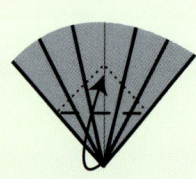

30 종이를 뒤집는다.

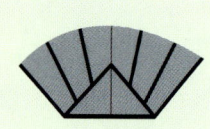

완성!

슬리데린 뱀

구성 1개

슬리데린 뱀은 슬리데린 기숙사를 상징하는 동물이다. 그리핀도르 학생에게는 슬리데린이
호그와트 기숙사 네 곳 중에서 가장 말썽 많은 곳일 것이다.
기숙사의 이름은 살라자르 슬리데린에게서 따왔다.
중세의 순수 혈통 마법사인 그는 호그와트를 설립한 네 명 중 한 사람이지만,
불명예스럽게 학교를 떠났다. 슬리데린 학생들은 지략이 있고 단호하며,
자부심이 강하고 교활하다. 학교에서 해리의 적수인 드레이코 말포이는 슬리데린 소속이고,
해리의 또 다른 적인 세베루스 스네이프 교수는 슬리데린 기숙사의 사감이다.

난이도 : ⚡ ⚡ ⚡ ⚡ ⚡

슬리데린 뱀 만들기

이 뱀은 일단 접기 시작하면 쉭쉭 쉽게 진행된다. 조금 까다로운 독니만 조심하면 된다.

← 종이는 이렇게 놓고 시작한다.

1 두 대각선을 접었다 편 다음 종이를 뒤집는다.

2 양쪽 가장자리를 반대편 가장자리에 맞추어 접었다 편다.

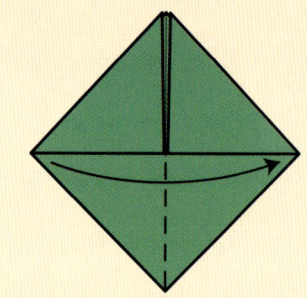

3 기준선들을 이용해 아래 모서리를 위로 모아 접는다.

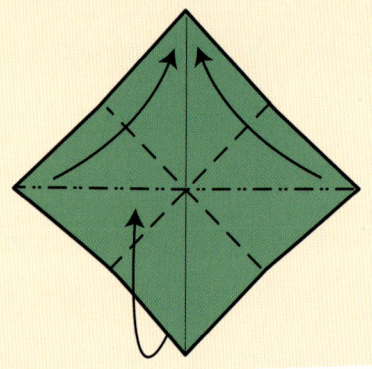

4 위쪽 모서리를 한 장만 내려 접는다.

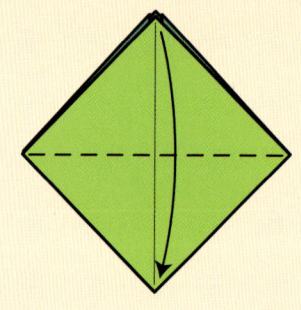

5 한 장만 오른쪽으로 넘긴다.

6 가장자리를 세로 중심선에 맞추어 접는다.

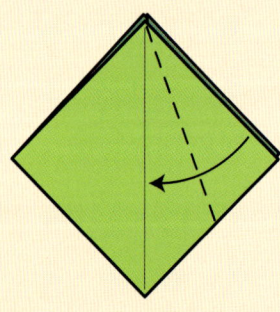

7 가장자리를 세로 중심선에 맞추어 접었다 편다.

8 가장자리를 기준선에 맞추어 접었다 편다.

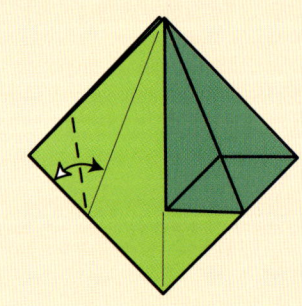

9 왼쪽 위 가장자리를 계단접기 하듯이 안으로 접어 넣는다 (순서 10의 그림 참고).

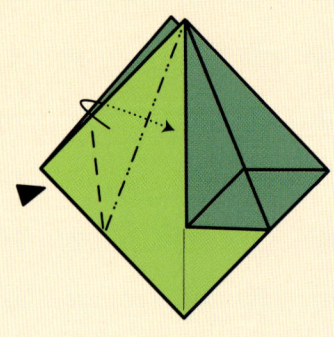

10 윗장 모서리를 아래 모서리에 맞추어 접는다.

11 오른쪽 한 장을 왼쪽으로 넘긴다.

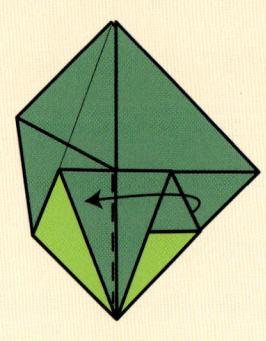

12 오른쪽 한 장을
왼쪽으로 넘긴다.

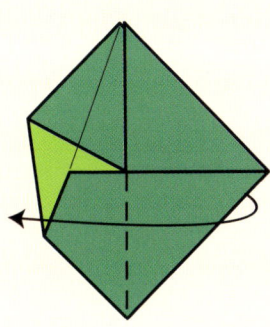

13 왼쪽 위 가장자리를
세로 중심선 맞추어 접는다.

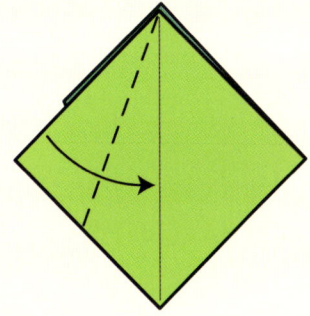

14 오른쪽 가장자리를
접었다 편다.

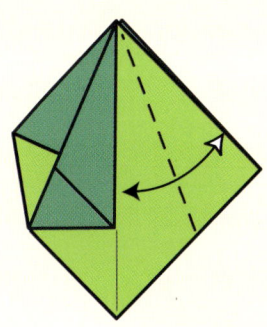

15 오른쪽 아래 가장자리를 기준선에
맞추어 접었다 편다.

16 순서 9와 같은 방법으로
접어 넣는다.

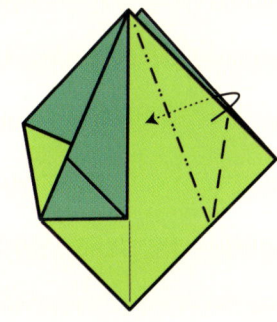

17 윗장 모서리를 아래 모서리에
맞추어 내려 접는다.

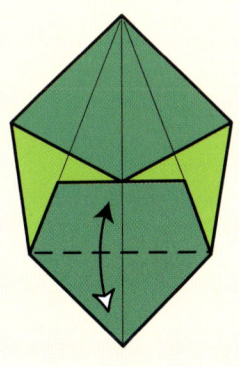

18 왼쪽 한 장을 오른쪽으로 넘겨
대칭이 되도록 한다.

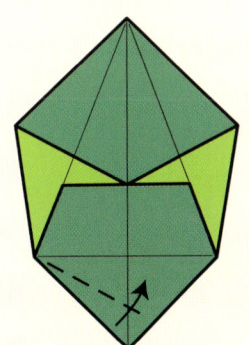

19 접었다 편다.

20 왼쪽 아래 가장자리를
3분의 1가량
올려 접는다.

SLYTHERIN

21 오른쪽도 순서 20과 같은 방법으로 접는다.

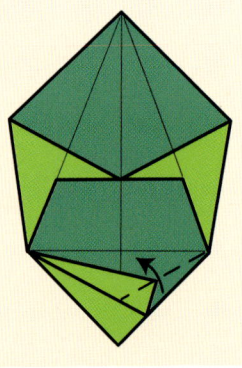

22 화살표 방향으로 내려 접는다.

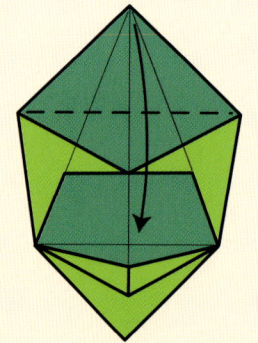

23 기준선에서 접어 올린다.

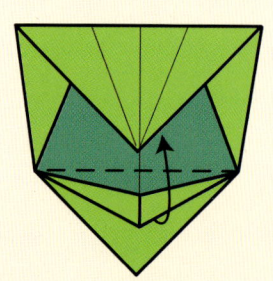

24 어금니 하나를 조심스럽게 꺼내 적당한 자리를 잡아 평편하게 누른다.

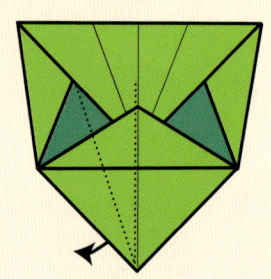

25 오른쪽도 같은 방법으로 접는다.

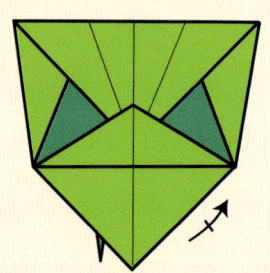

26 양쪽 모서리를 뒤로 접어 머리를 만든다.

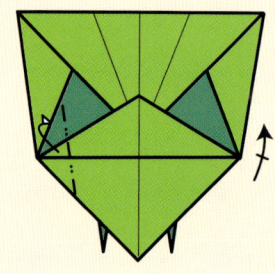

27 양쪽 위 모서리를 뒤로 접어 머리를 만든다.

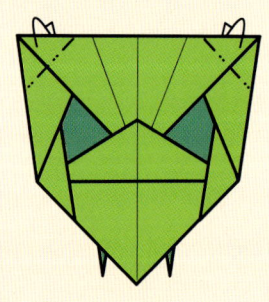

28 아래 모서리를 뒤로 접는다.

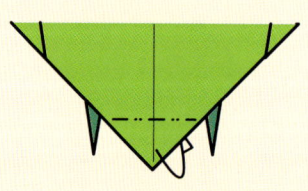

29 그림처럼 접어 기준선을 만들고 접은 부분을 반만 벌린다.

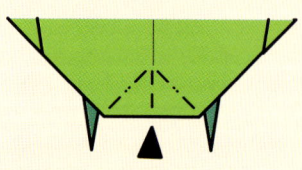

30 그림과 같은 모양이 된다.

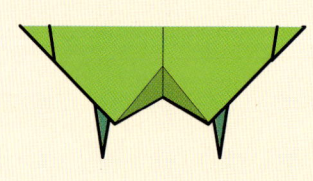

31 이제 접기 과정은 모두 끝났다.

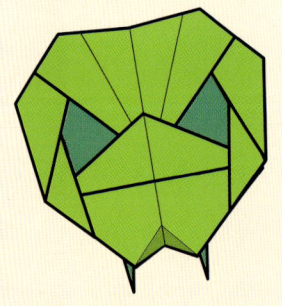

팁 : 갈라진 혀를 잘라내 뱀의 입 뒤쪽에 테이프로 고정하여 실감나게 꾸민다.

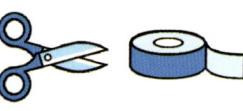

완성!

해리의 흉터

해리는 아기일 때 어둠의 마법사 볼드모트 경과 만나 치명적인 저주를
받은 결과 흉터가 생겼다. 남의 눈에 잘 띄는 번개 모양의 이 흉터는
'살아남은 아이'와 '그 사람'을 연결한다.
심지어 어둠의 왕이 가까이 있을 때는 흉터에 통증을 느끼기도 한다.
해리에게는 골칫거리지만 친구들은 모두 번개 모양 흉터가 아주 근사하다고 생각한다.

난이도 :

해리의 흉터 만들기

간단하지만 효과 만점인 만들기로
'살아남은 아이'의 상징인
번개 표시를 재현해 보자.
정신이 '번쩍' 날 정도로
재미있을 것이다.

1 대각선으로 접었다 편다.

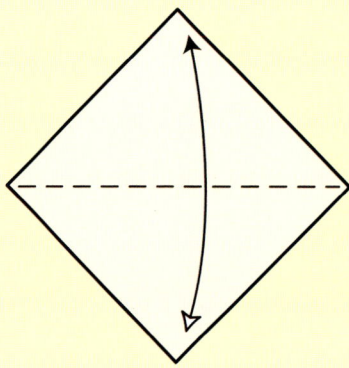

2 왼쪽 아래 가장자리를 중심선에 맞추어 접는다.

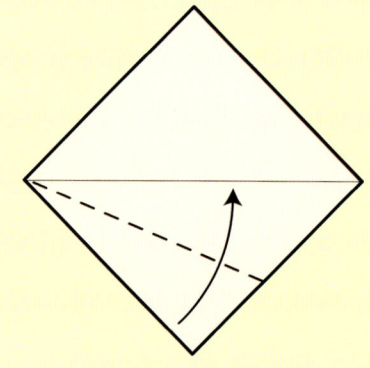

3 오른쪽 위 가장자리를 중심선에 맞추어 접는다.

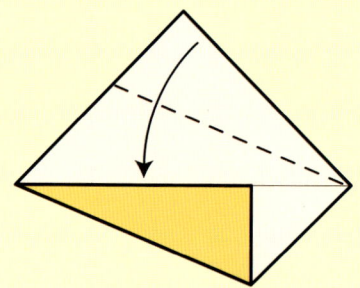

4 흰 부분의 가장자리를 중심선에 맞추어 접는다.

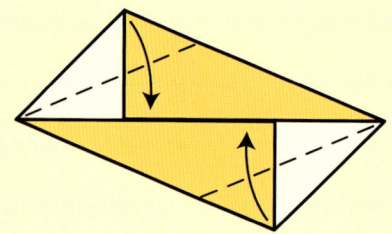

5 위아래 모서리를 (가상의) 중심점에 맞추어 접는다.

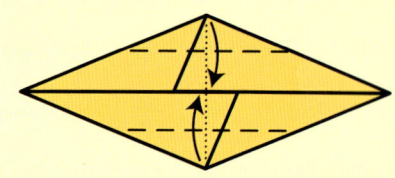

6 왼쪽 모서리를 점선과 일치하도록 접어 기준선을 만든 다음 편다.

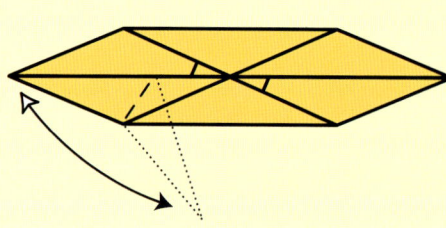

7 위쪽도 순서 6처럼 기준선을 만들고 종이를 뒤집는다.

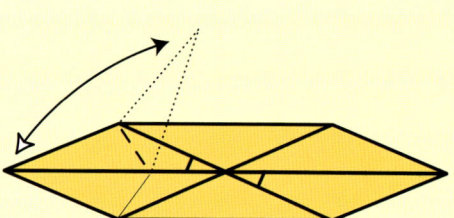

8 동그라미 표시끼리 만나도록 접어 기준선을 만든 다음 편다. 종이를 뒤집는다.

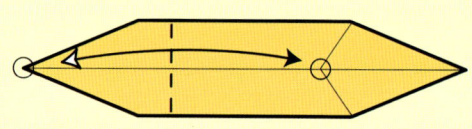

9

위아래 가장자리를 순서 8에서
접은 기준선에 맞추어
45도 각도로 접었다 편다.

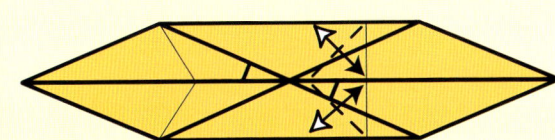

10

아래로 반 접어 내린다.

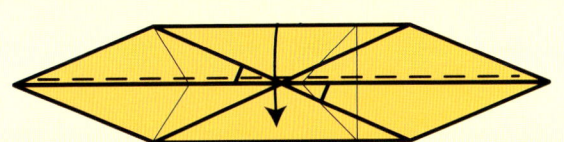

11

왼쪽 모서리를 안쪽으로 접기 한다.

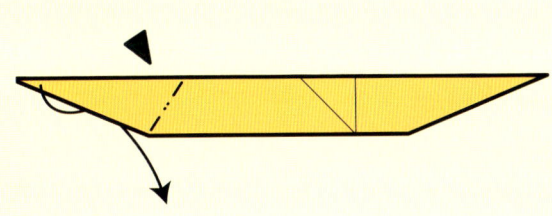

12

오른쪽도 안쪽으로 접기 한다.

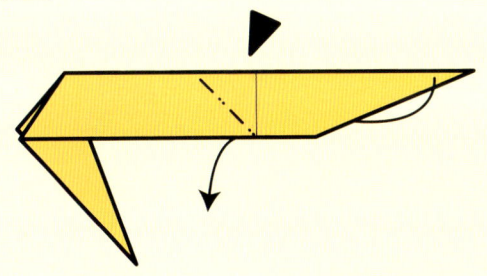

13

오른쪽 날개를 기준선에서
안쪽으로 접기 한다.

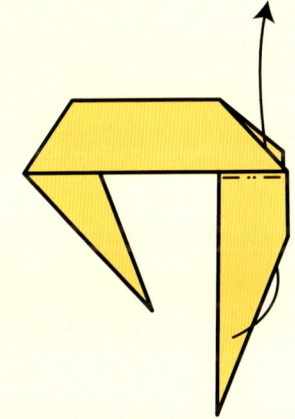

14

순서 15를 참고하여
반으로 접는다. 뒤쪽도
같은 방법으로 접는다.

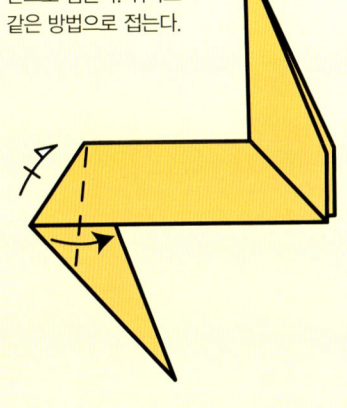

15

앞뒤 모두 넘겨
접는다.

완성!

호크룩스 반지

마볼로 곤트의 호크룩스 반지는 볼드모트 경이 만든 호크룩스 일곱 개 중 하나로,
볼드모트의 외가에서 대대로 전해 내려오는 가보다. 마법 세계에서 호크룩스는
어둠의 마법사와 마녀가 영원히 살기 위해 자신의 영혼 일부를 숨겨 놓는 물건을 뜻하며,
호그와트에서는 금지된 어렵고 사악한 어둠의 마법이다.
볼드모트는 몰랐지만, 반지에 박힌 검은 돌은 사실
세 가지 죽음의 성물 중 하나인 '부활의 돌'이다.

난이도 : ⚡ ⚡ ⚡ ⚡ ⚡

호크룩스 반지 만들기

영화 속 마볼로 곤트의 반지처럼
이 종이접기에는
눈에 보이는 것보다
더 많은 것이 있다.
즐겁게 만들어 보자!

1 반으로 접었다 편다.

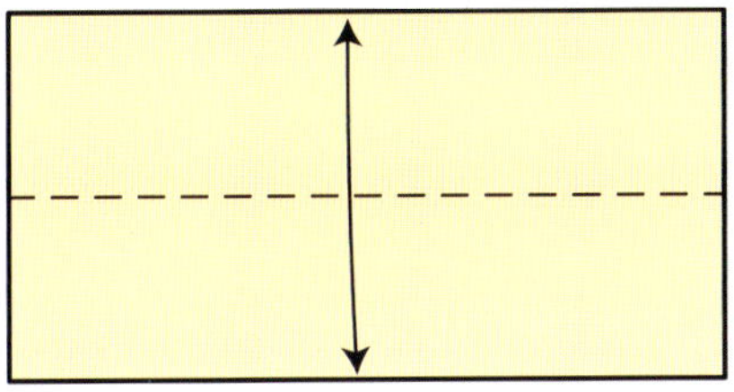

2 긴 가장자리를
중심선에 맞추어 접는다.

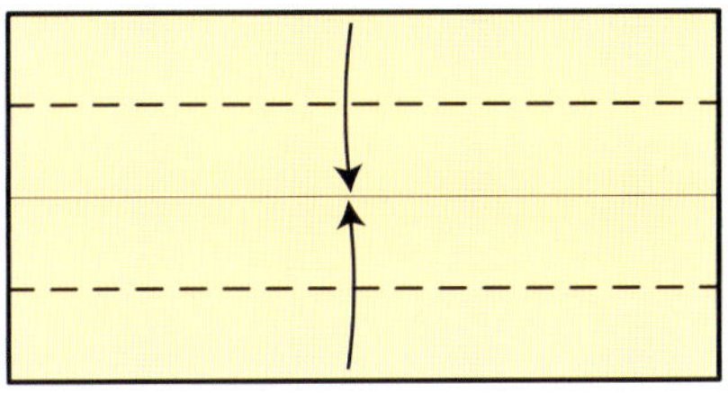

3 왼쪽을 오른쪽에 맞추어
반으로 접는다.

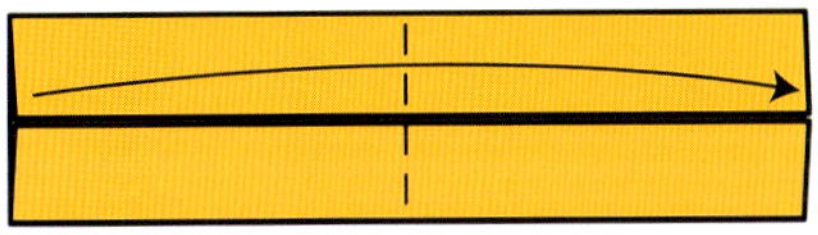

4 위아래를 중심선에 맞추어
접었다 편다.

5 모서리를
안쪽으로 접기 한다.

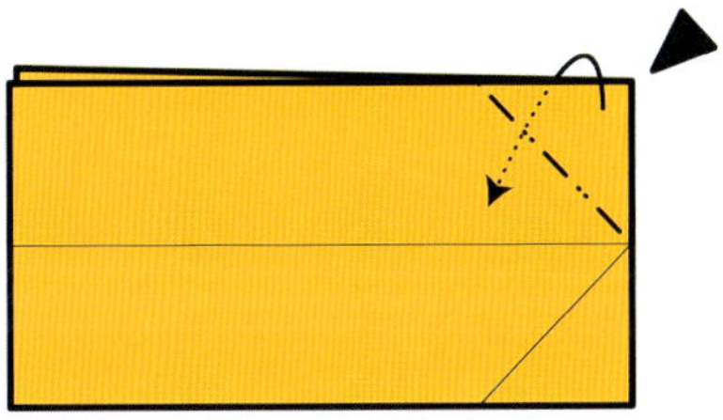

6 아래 모서리도
같은 방법으로 접는다.

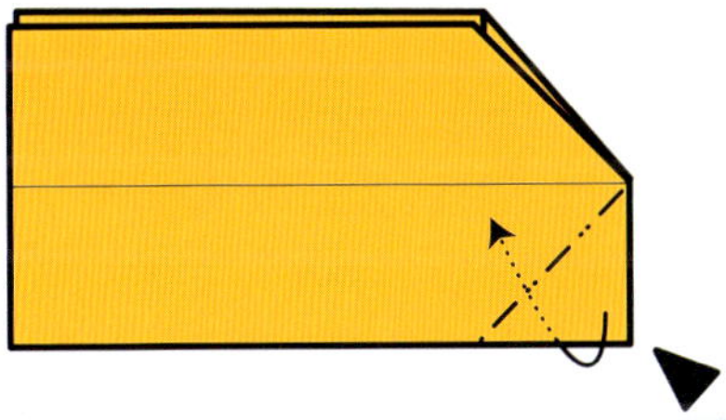

7 위아래를 중심선에
맞추어 접는다.

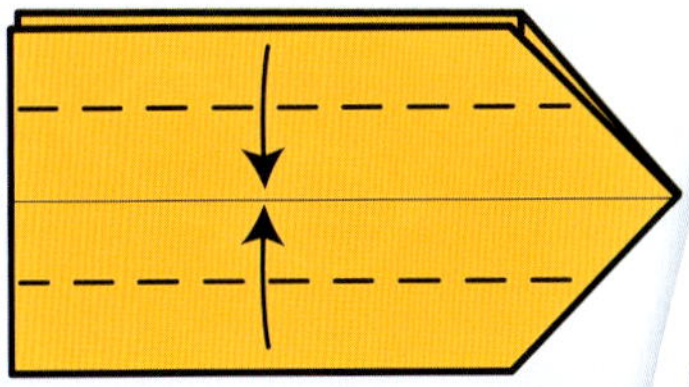

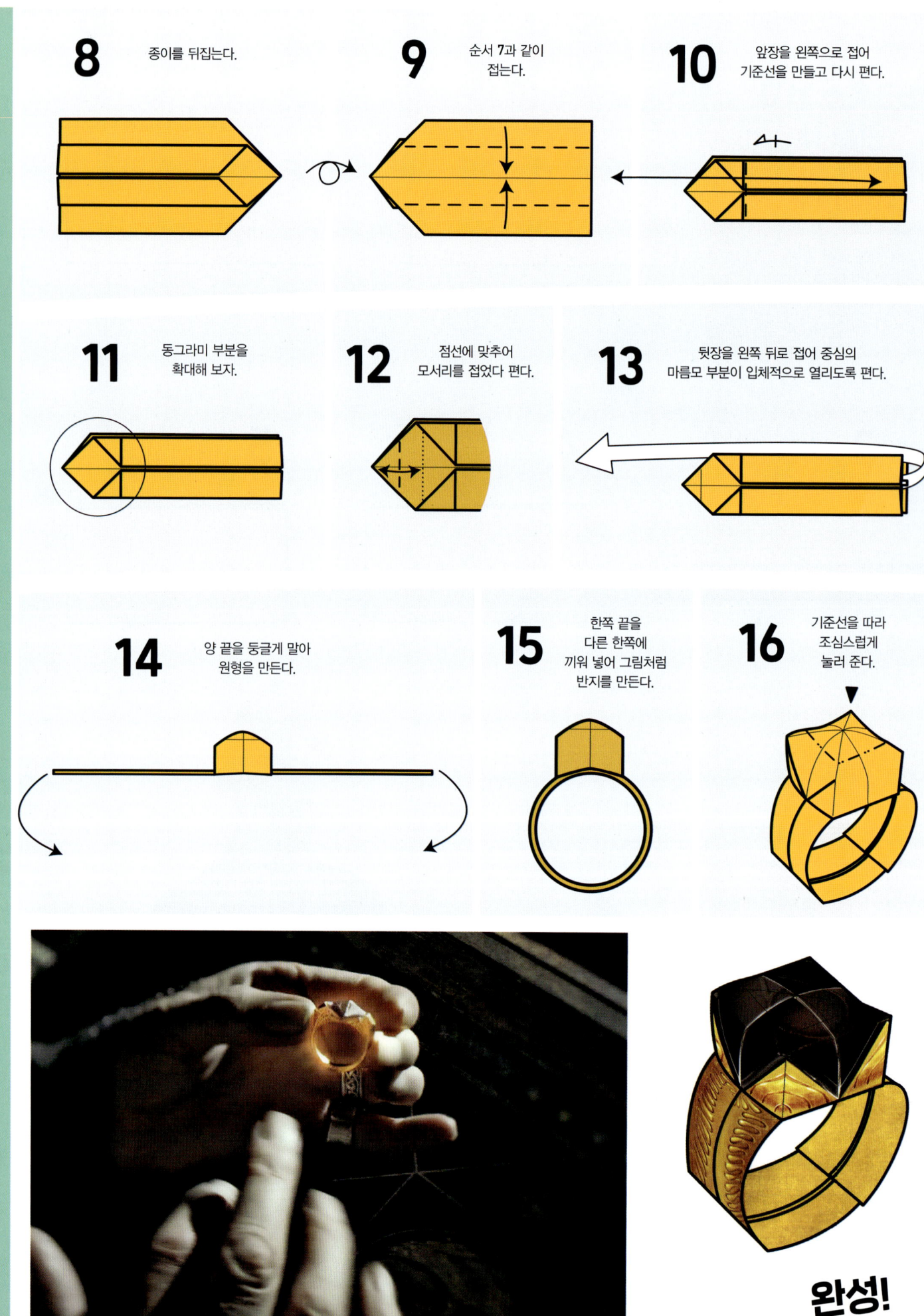

8 종이를 뒤집는다.

9 순서 7과 같이 접는다.

10 앞장을 왼쪽으로 접어 기준선을 만들고 다시 편다.

11 동그라미 부분을 확대해 보자.

12 점선에 맞추어 모서리를 접었다 편다.

13 뒷장을 왼쪽 뒤로 접어 중심의 마름모 부분이 입체적으로 열리도록 편다.

14 양 끝을 둥글게 말아 원형을 만든다.

15 한쪽 끝을 다른 한쪽에 끼워 넣어 그림처럼 반지를 만든다.

16 기준선을 따라 조심스럽게 눌러 준다.

30

완성!

매드아이 무디의 눈

구성 3개

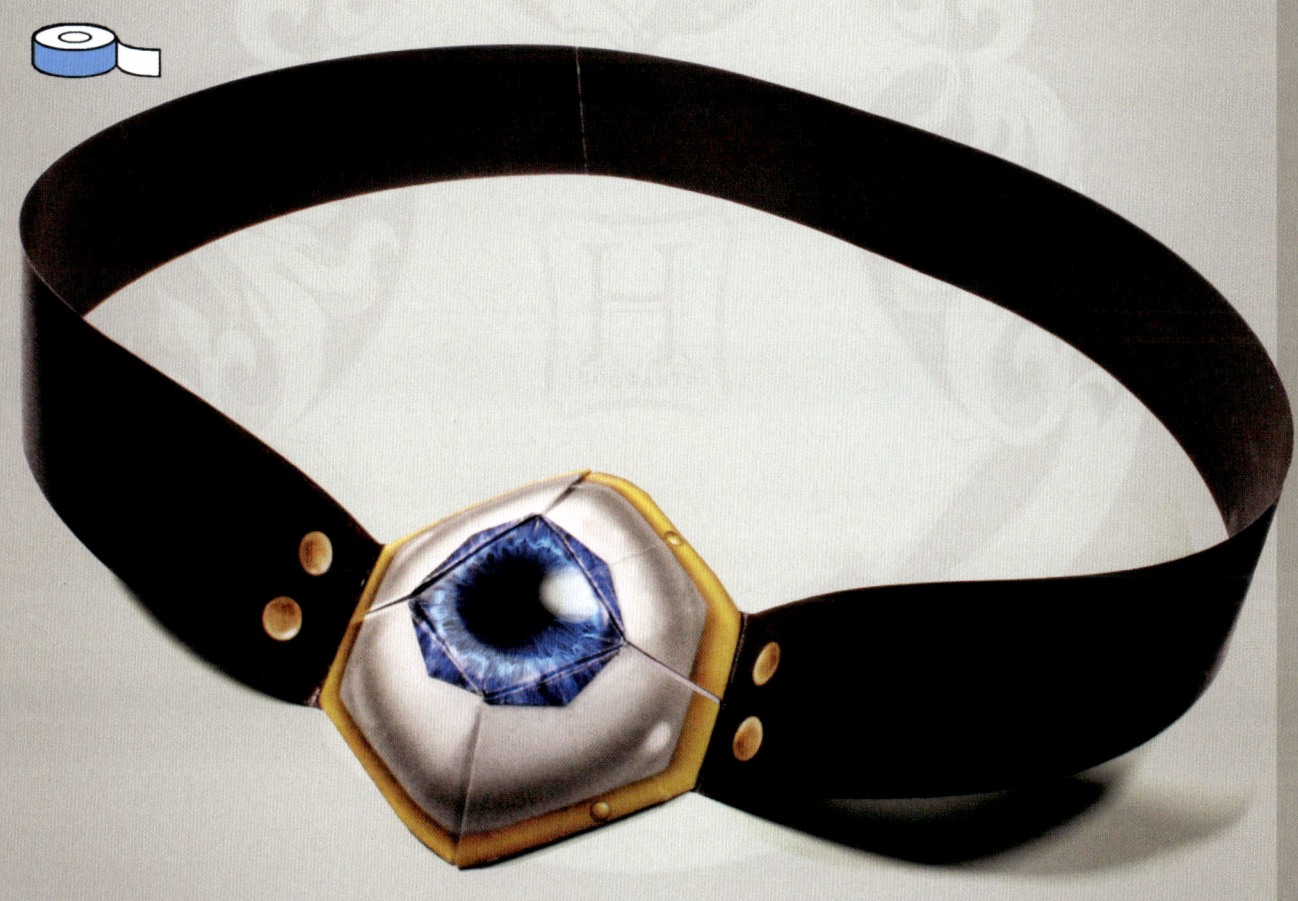

해리와 론과 헤르미온느가 4학년이 되었을 때 앨러스터 무디, 속칭 '매드아이' 무디가
어둠의 마법 방어법을 가르치자, 세 친구는 무척 신이 나면서도 조금은 긴장한다.
무디는 마법 역사에서 가장 유명한 오러로 꼽히고, 어둠의 마법사와 마녀를 잡은 전적은 전설적이다.
임무 중에 잃은 눈을 대신하는 매드아이 무디의 눈은 360도로 회전하며
무엇이든 투시할 수 있어, 투명 망토는 물론이고
자신의 뒤통수에 있는 것까지 꿰뚫어 본다.

난이도 :

매드아이 무디의 눈 만들기

이 작품을 만들기 위해서는 매드아이처럼 예리한 두뇌와 적어도 하나의 날카로운 눈이 있어야 한다.

1 가로와 세로로 반 접었다 편다.

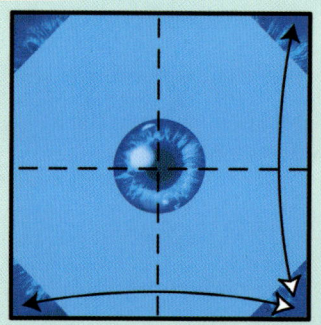

2 두 대각선을 접었다 편다.

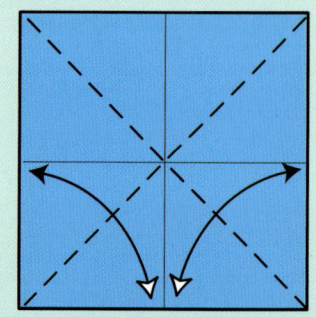

3 모든 모서리를 중심에 맞추어 접는다.

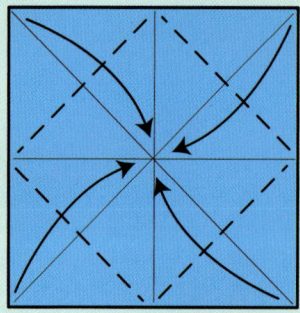

4 그림과 같은 모양이 된다. 종이를 뒤집고 방향을 돌린다.

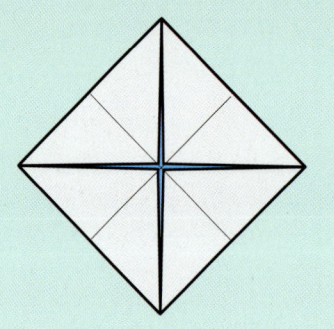

5 아랫부분 3분의 1을 대각선 사이 점선 부분만 눌러 접었다 편다.

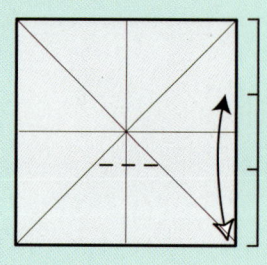

6 윗부분을 순서 5에서 만든 선에 맞추어 점선 부분만 눌러 접었다 편다.

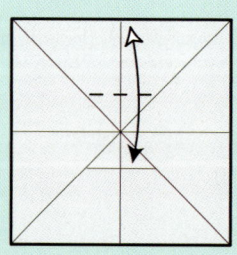

7 왼쪽과 오른쪽을 같은 방법으로 접었다 편다. 종이를 뒤집는다.

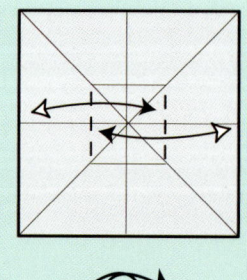

8 이제 동그라미 부분을 확대해 보자.

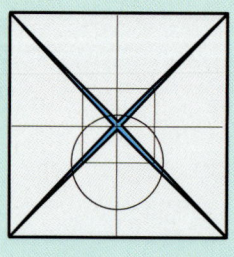

9 가장자리를 가로 기준선에 맞추어 접는다.

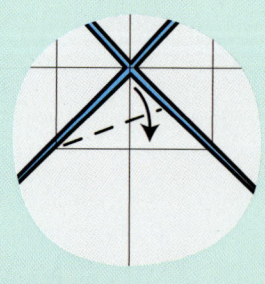

32

10 오른쪽을 기준선에 맞추어 접는다.

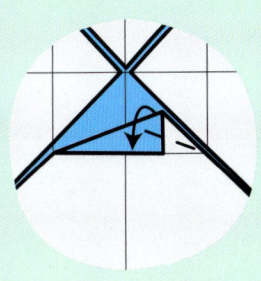

11 색 있는 부분과 흰 부분의 경계선을 따라 내려 접는다.

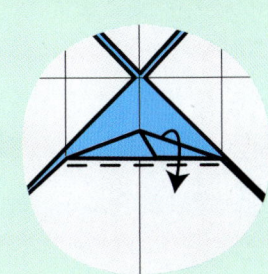

12 나머지 세 곳도 순서 9~11과 같은 방법으로 접는다.

9-11 x3

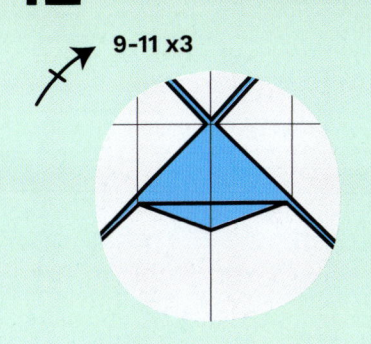

13 접은 모양이 그림과 같다면 종이를 뒤집는다.

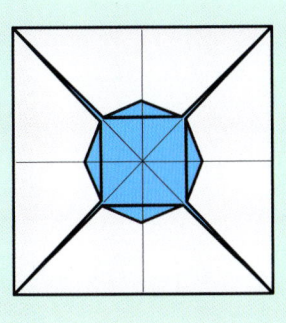

14 두 모서리를 동그라미 위치에 맞추어 접는다.

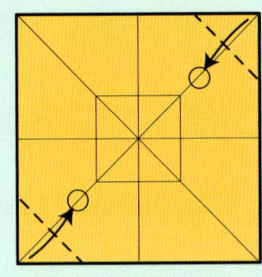

15 두 기준선을 접어 종이를 입체로 만든다.

3D

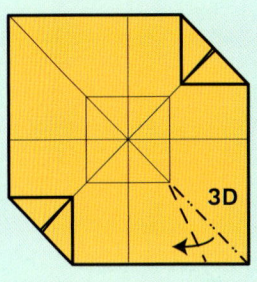

16 모서리의 끝을 안으로 접어 넣어 고정한다.

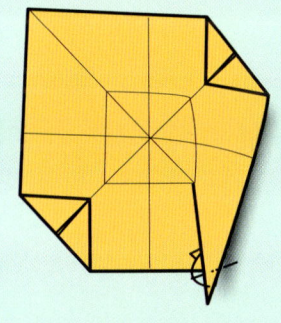

17 반대쪽 모서리도 순서 15~16과 같은 방법으로 접는다.

15-16

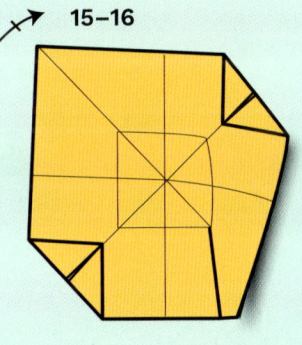

18 접기 과정이 끝났다. 종이를 뒤집는다.

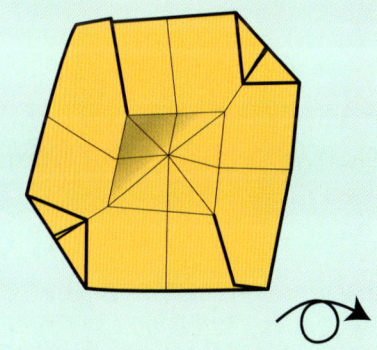

19 이것이 눈이다. 종이를 뒤집어 띠를 붙인다.

20 테이프를 이용해 양쪽 날개 뒤에 띠를 고정한다.

21 머리에 둘러 보아 잘 맞는 위치를 잡아 끝을 테이프로 고정한다.

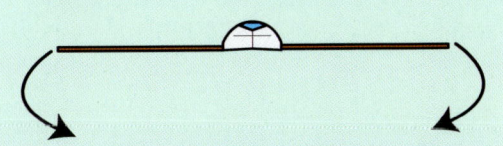

↖ **주의!**
머리에 두를 때 종이나 테이프에 눈을 다치지 않도록 조심한다!

완성!

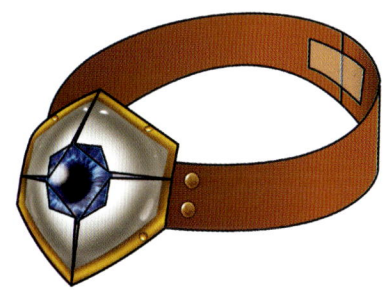

쥐
스캐버스

구성 1개

"불쌍하지 않니?"
〈해리 포터와 마법사의 돌〉에서 론 위즐리는 스캐버스를
노란색으로 변신시키려다 실패하기 직전에 이렇게 말한다.
하지만 위즐리가 오랫동안 키운 이 동물에게는 뜻밖의 비밀이 있다.
론과 해리와 헤르미온느가 〈해리 포터와 아즈카반의 죄수〉에서 발견하듯이,
사실 스캐버스는 어둠의 마법사인 피터 페티그루가 변신한 애니마구스다.

난이도 : ⚡⚡⚡⚡⚡

스캐버스 만들기

이 쥐는 한 마리를 완성하고 나면
친구 쥐까지 만들어 주고
싶을 정도로 깜찍한
종이접기 작품이다.

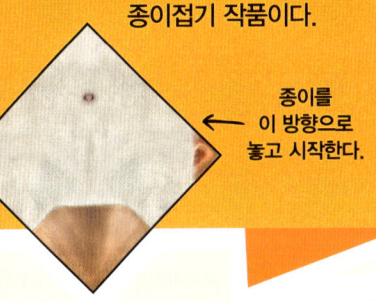

종이를
← 이 방향으로
놓고 시작한다.

1 흰 면이 보이게 놓고
반으로 접었다 편다.

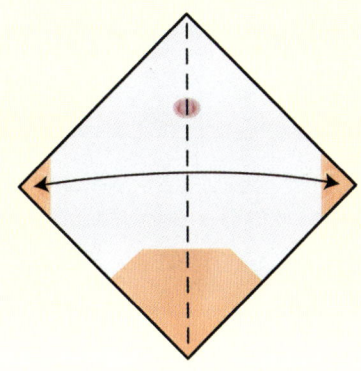

2 양쪽 가장자리를
중심선에 맞추어 접는다.

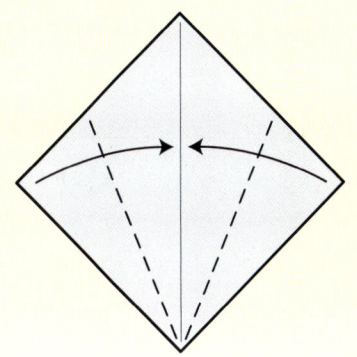

3 위 모서리를 조금 내려
접는다.

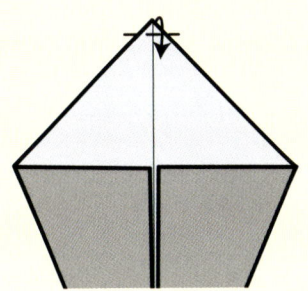

4 순서 5를 참고해 간격을 조금 두고
내려 접는다.

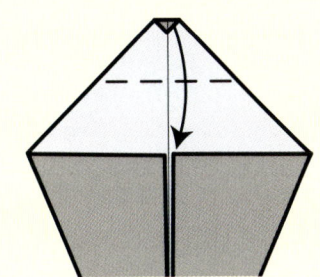

5 동그라미 표시끼리
만나도록 접었다 편다.
오른쪽도 같은 방법으로 접고
종이를 뒤집는다.

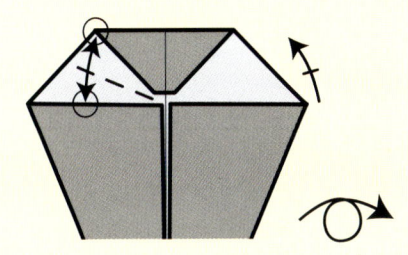

6 윗부분을 아래로
내려 접는다.

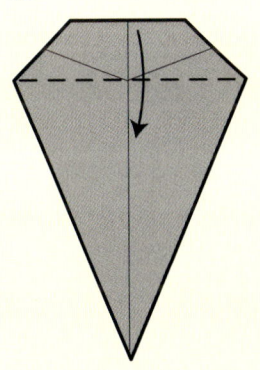

7 양쪽 위 모서리를
중심선에 맞추어
접었다 편 다음 뒤집는다.

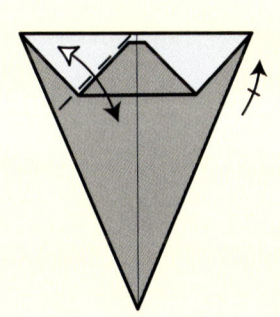

8 양쪽 위 모서리를
안쪽으로 접기 한다.

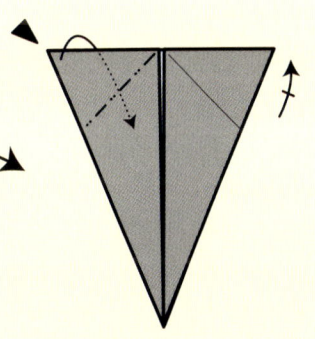

9 양쪽 위 날개를
아래로 내려 접는다.

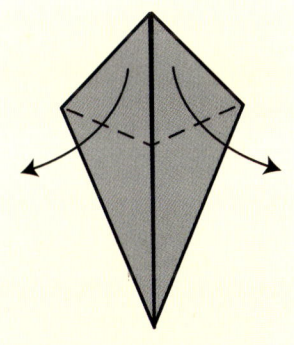

10

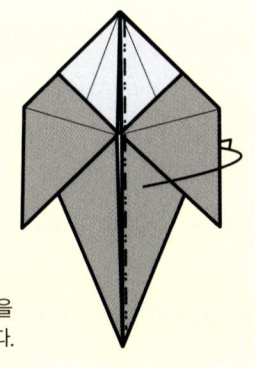

오른쪽 반을
뒤로 접는다.

11

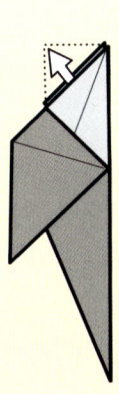

숨겨진
한 장을
당겨 꺼낸다.

12

순서 13을 참고해 표시선처럼 앞뒤 흰색 부분의 윗장만 오른쪽으로 동시에 당겨 접는다.

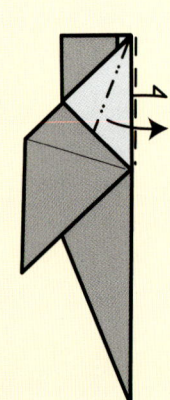

13

모든 종이를 반으로 접었다 편다.

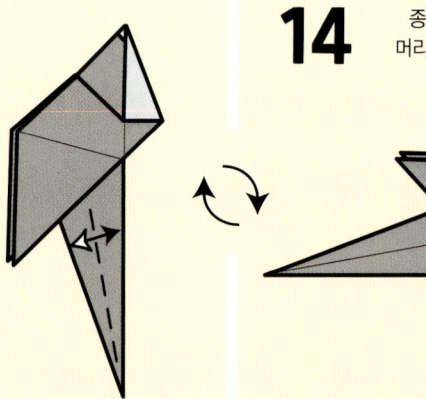

14

종이를 돌려서 날개를 머리 쪽으로 넘겨 접는다.

15

가려진 뒤쪽 가장자리에 조금 못 미치는 위치에서 모서리를 꺾어 접는다.

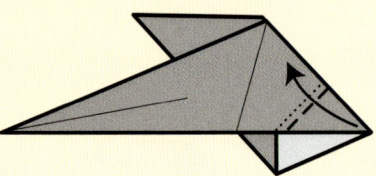

16

접은 날개를 뒷주머니에 끼워 넣는다.

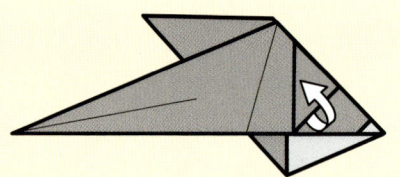

17

아래 삼각형을 안으로 접어 넣는다.

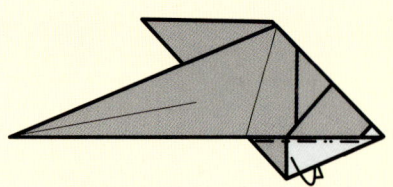

18

뒷장도 순서 14-17과 같은 방법으로 접는다.

14-17

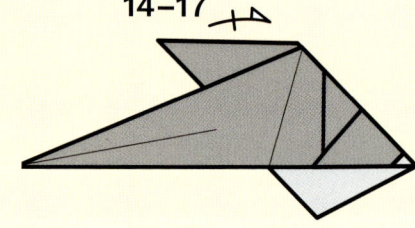

19

이제 동그라미 부분을 확대해 보자.

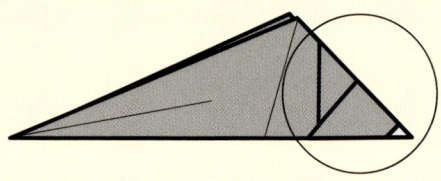

20

귀를 반으로 접는다.

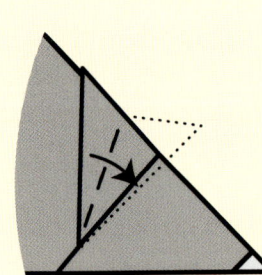

36

21
순서 22 그림을 참고하며 귀를 벌리고 눌러 접는다.

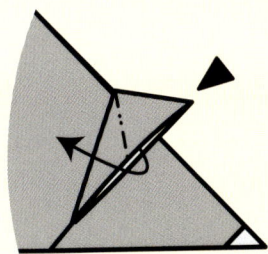

22
뒷장도 순서 20-21과 같은 방법으로 접는다.

20-21

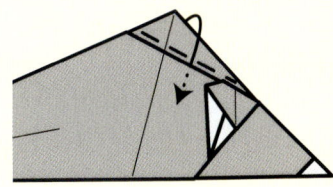

23
동그라미 사이를 잇는 부분을 안으로 접어 넣는다.

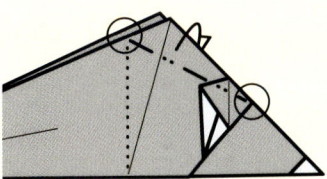

24
뒷장도 같은 방법으로 접는다.

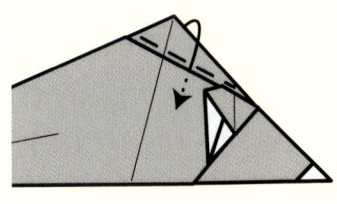

25
점선에 맞추어 꼬리를 접는다.

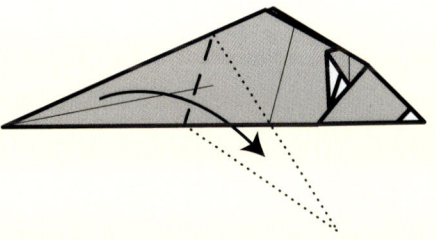

26
점선에 맞추어 꼬리를 접었다 편 뒤 꼬리를 완전히 벌린다.

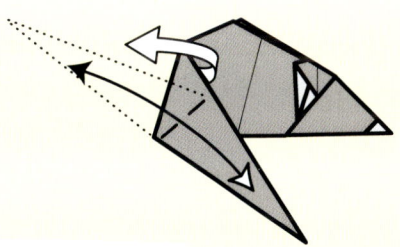

27
아래 가장자리의 앞 두 장과 뒤 한 장 사이에서 계단접기 하여 꼬리를 만든다.

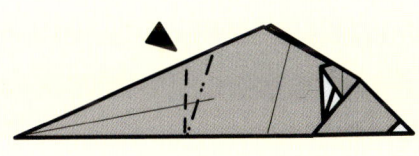

28
앞뒷장 모두 꼬리 반을 안으로 접어 넣는다.

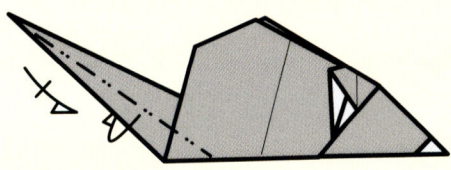

29
양쪽 귀를 밖으로 조금 벌려 귀 모양을 만든다.

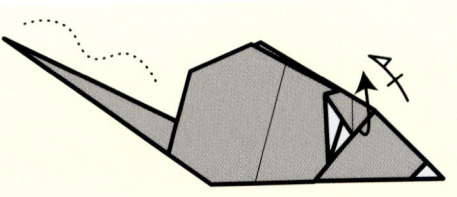

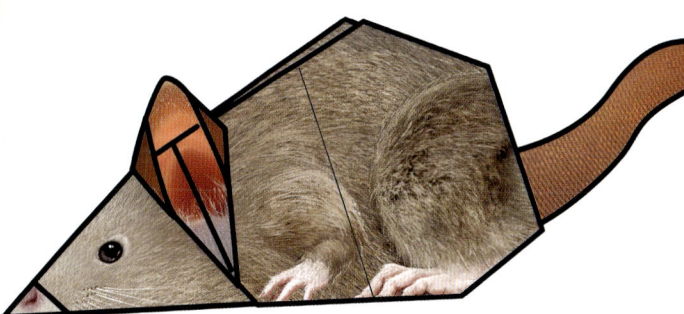

완성!

호그와트 문장

구성 5개

거의 1천 년 전에 설립된 호그와트 마법학교는 마법 세계에서 최고의 학교라고 할 수 있다.
신성한 복도를 통과한 운 좋은 학생들은 각자 네 곳의 기숙사 중 한 곳으로 배정된다.
그리핀도르와 래번클로, 후플푸프, 슬리데린이라는 기숙사 이름은
학교를 설립한 존경받는 마법사들의 이름에서 따왔다.
이 기숙사들을 상징하는 동물인 사자와 까마귀, 오소리, 뱀은
유명한 호그와트 문장에서 볼 수 있다.

난이도 :

호그와트 문장 만들기

힘들지만 보람 있는
종이접기 작품으로
학교에 대한 자부심을
보여 주자.

종이를 이 방향으로
놓은 다음 뒤집어 →
시작한다.

1 가장자리마다 절반이 되는 지점을
조금 눌러 표시한다.

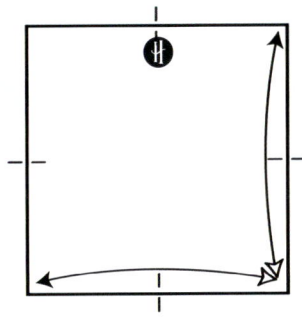

2 위아래에서 각각
4분의 1 지점을 접었다 편다.

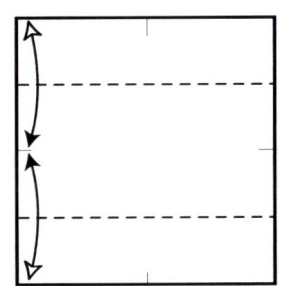

3 위아래에서 각각
8분의 1 지점을 접었다 편다.

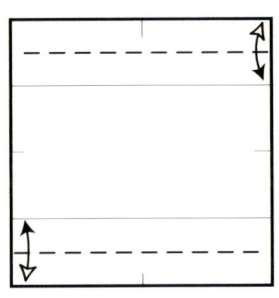

4 세로 방향도 순서 2-3과
같은 방법으로 접는다.

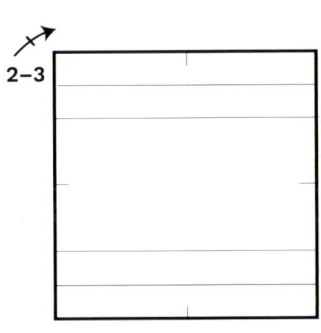

5 종이를 뒤집고
동그라미 부분을 확대해 보자.

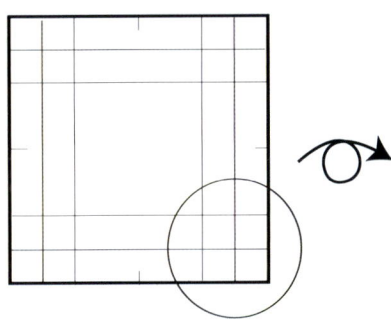

6 점선으로 표시된
부분만 접는다.

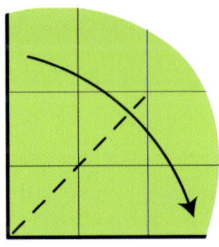

7 표시된 부분을 접었다 펴고
종이를 뒤집는다.

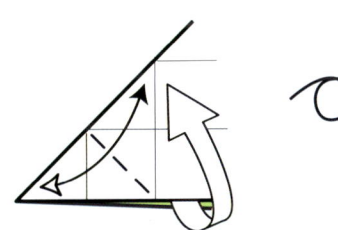

8 기준선을 따라 두 번 접는다.
종이를 180도 돌린다.

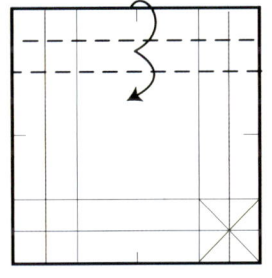

9 기준선을 이용해
종이를 입체로 접는다.

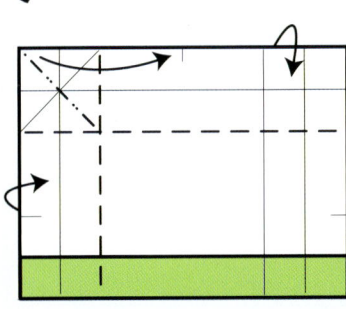

10 모서리를 뒤로
산접기 하여 고정한다.

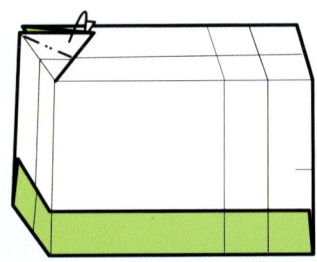

11 가장자리를
안쪽으로 넣어 감싼다.

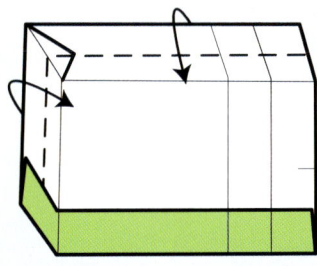

12 종이를 조금 벌려서
오른쪽 가장자리를
뒤로 산접기 하여 접는다.

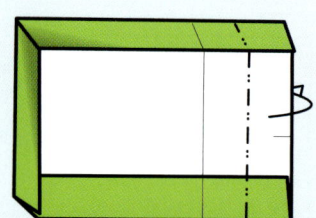

13 첫 번째 유닛이 완성되었다.
같은 방법으로 하나 더 만든다.

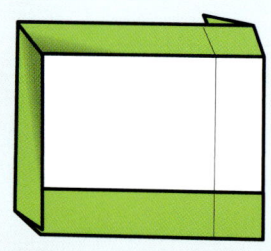

두 번째는 그리핀도르
종이를 사용한다.
종이를 이 방향으로 놓은
다음 뒤집어서 시작한다.

14 완성된 두 번째 유닛을 그림처럼 돌린다.
왼쪽 위 모서리를 조금 편다.

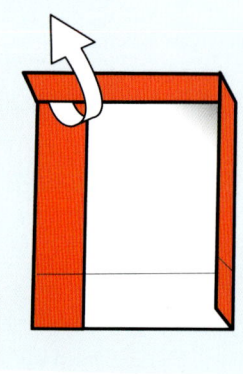

15 첫 번째 유닛의 날개를 두 번째
유닛의 주머니 안으로 끼워 넣는다.

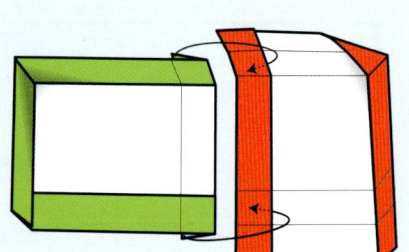

16 가장자리를 다시 안으로 접는다.

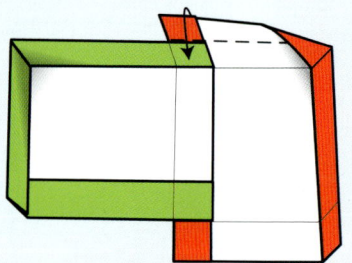

17 처음 두 유닛을 완성했다.
이제 남은 두 유닛도
접어 보자.

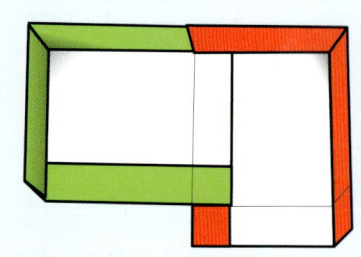

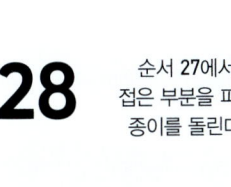

다음은 래번클로 종이로 접는다.
종이를 이 방향으로 놓은 다음
뒤집어서 시작한다.

18

순서 1-4와 같은 방법으로
접은 뒤, 동그라미끼리 만나도록
점선 부분을 눌러 접으며
기준선을 만든다.

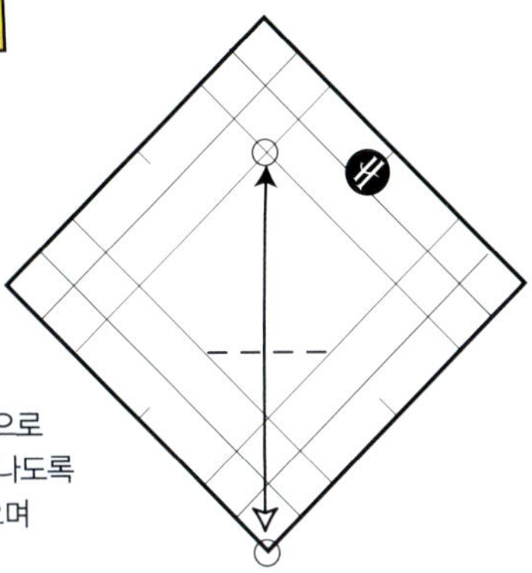

19

그림과 같이
기준선을 두 개 더 만든다.

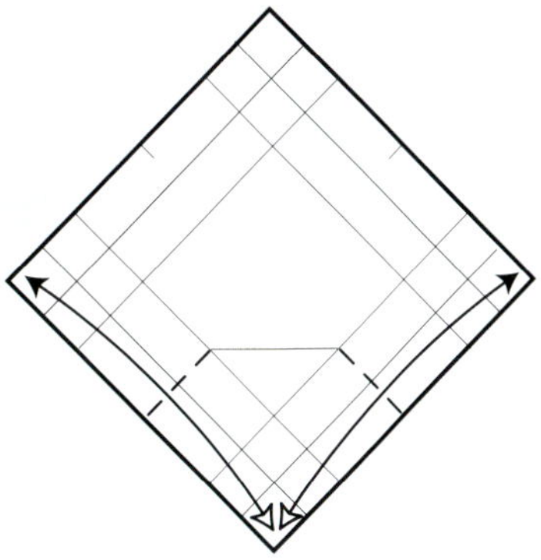

20

기준선을 이용해
골짜기선이 표시된 부분을
접었다 편다.
종이를 뒤집는다.

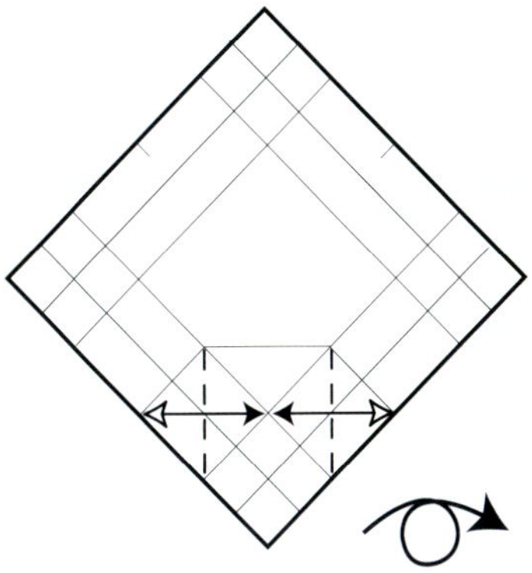

21

동그라미 부분을 확대해 보자.

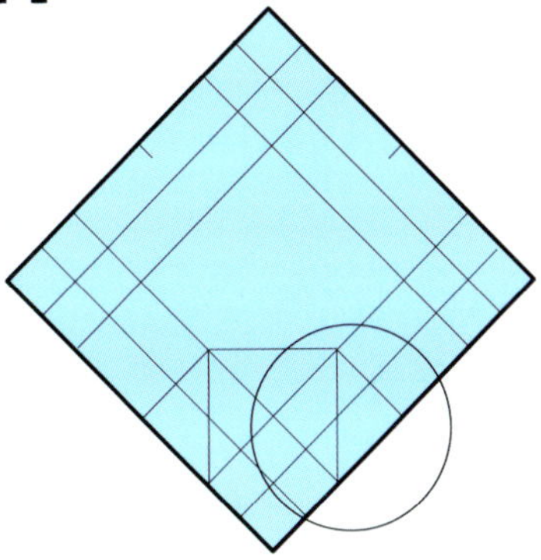

22

양쪽 기준선끼리
만나도록 접는다.

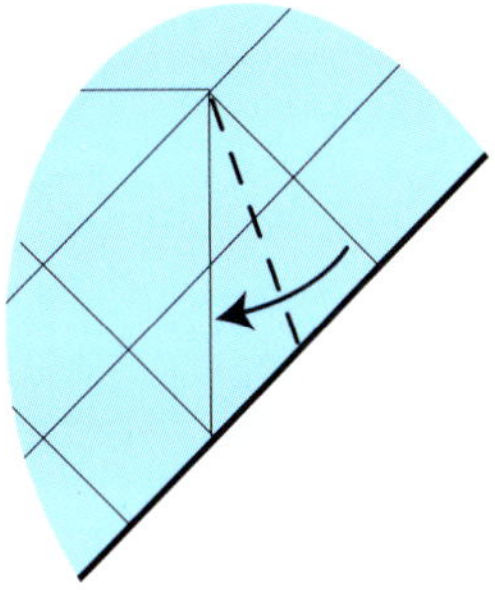

23

동그라미 표시한 부분에서
기준선들이 만나는지
확인하고 편다.

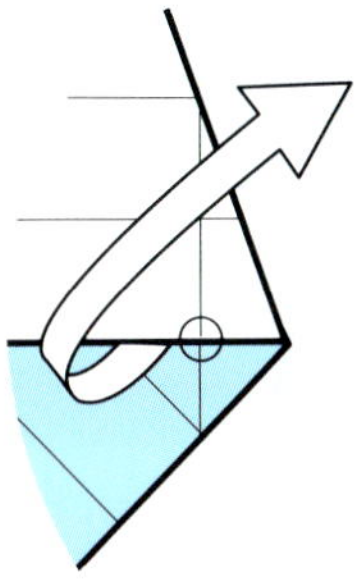

24

왼쪽도 순서 22-23과
같은 방법으로 접은 다음 뒤집는다.

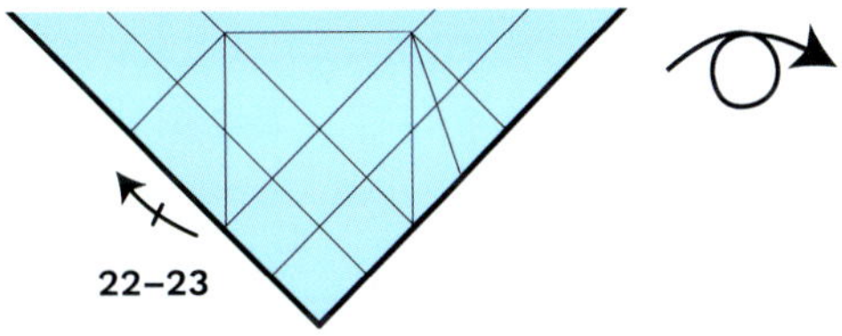

22-23

25

아래 모서리를
위로 접는다.

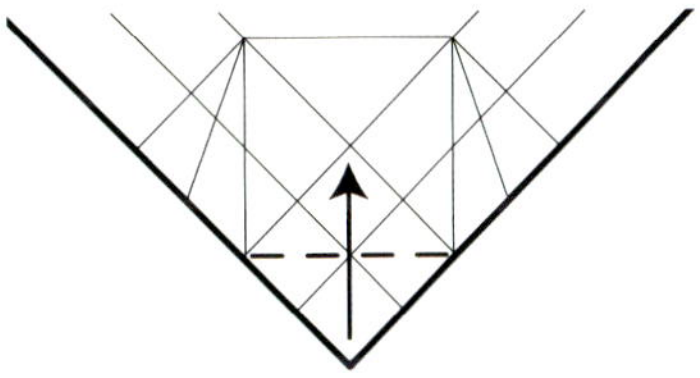

26

동그라미끼리 만나도록
위로 접는다.

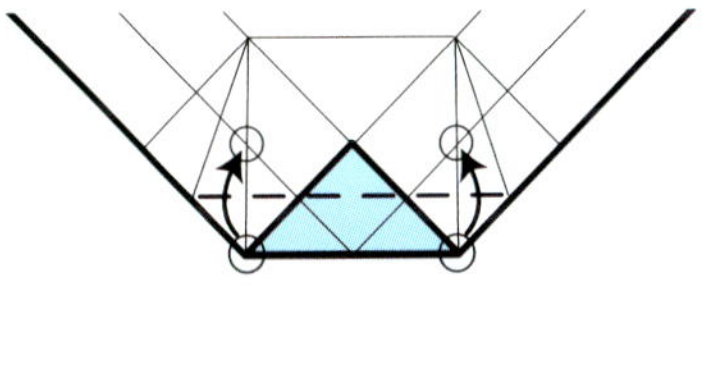

27

아래 가장자리를
기준선까지
접었다 편다.

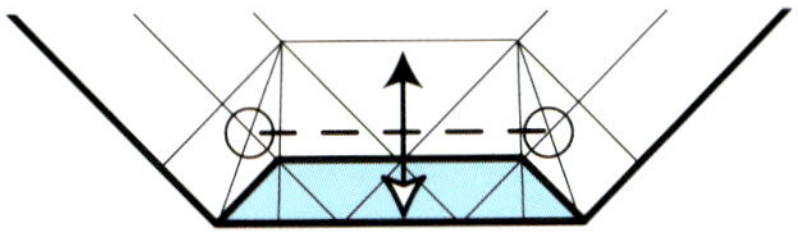

28

순서 27에서
접은 부분을 펴고
종이를 돌린다.

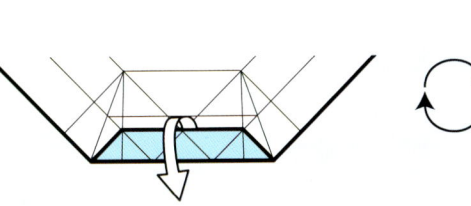

29

기준선을 따라 가장자리를 두 번 접는다.

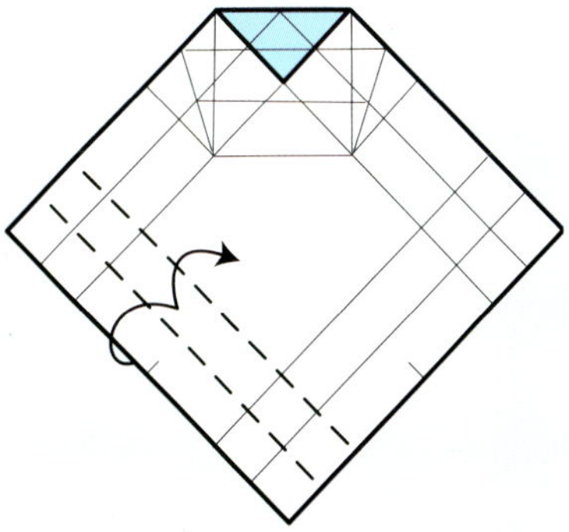

30 접어 놓은 기준선들을 이용해 종이를 입체적으로 접는다.

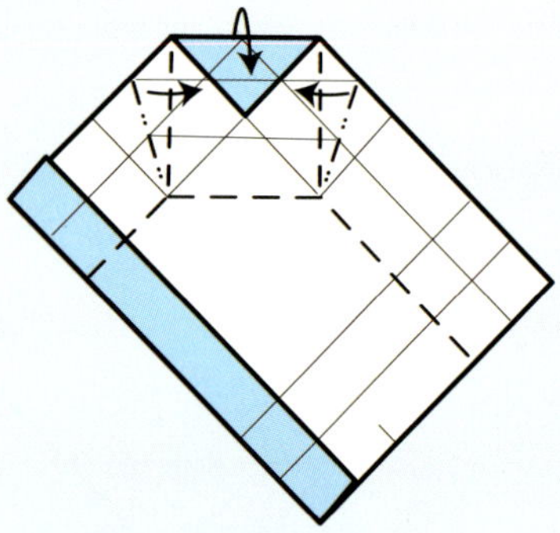

31 색깔이 있는 날개를 접어 내린다.

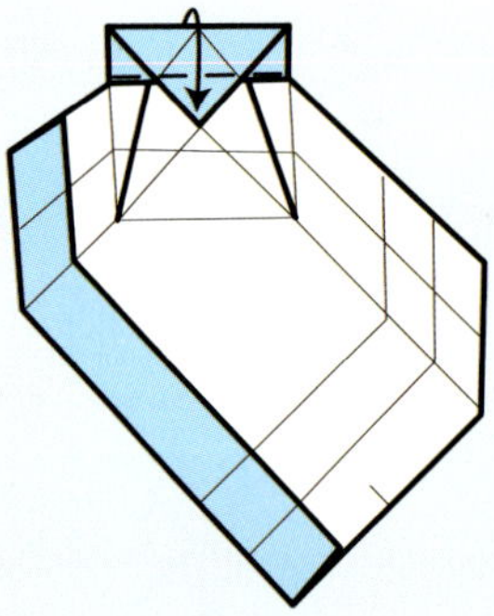

32 순서 31에서 접은 부분을 접어 내리면서 양쪽 가장자리를 안으로 접어 감싼다.

33 종이를 조금 벌려 하얀 가장자리를 뒤로 산접기 하여 접는다.

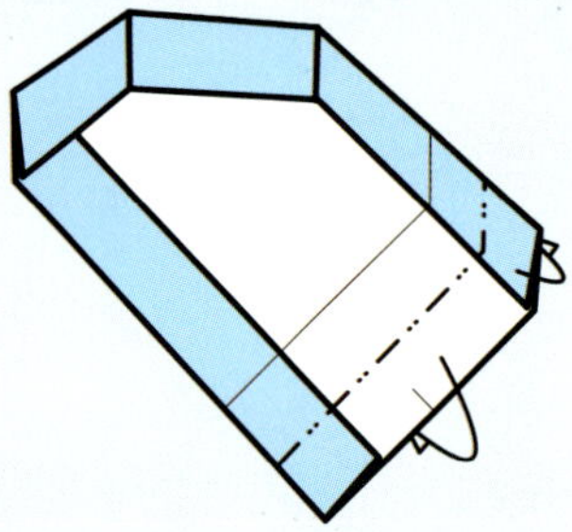

34 세 번째 유닛이 완성되었다. 네 번째도 같은 방법으로 접는다.

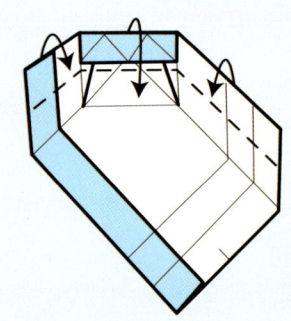

마지막으로 접을 종이는 후플푸프다. 종이를 이 방향으로 놓은 다음 뒤집어서 세 번째와 같은 방법으로 완성한다.

35 순서 15~16처럼 종이를 조금 펴고 세 번째 유닛을 끼워 넣는다. 방금 접은 부분이 흐트러질 수도 있지만, 참을성을 가지고 조심스럽게 접어 넣자!

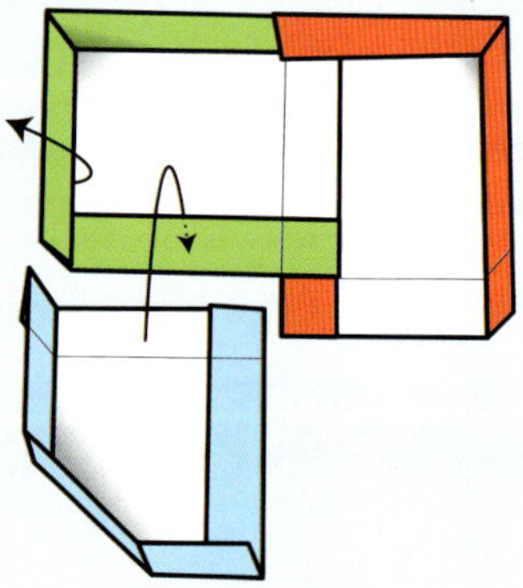

36 마지막 유닛도 같은 방법으로 연결한다.

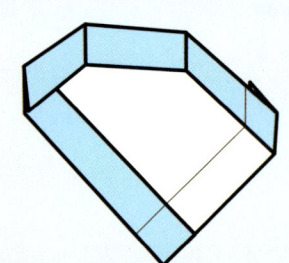

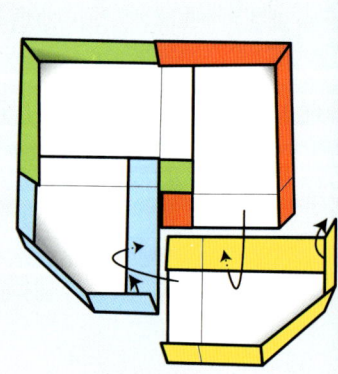

37 접기가 끝났다. 접은 부분을 다듬은 다음 뒤집는다.

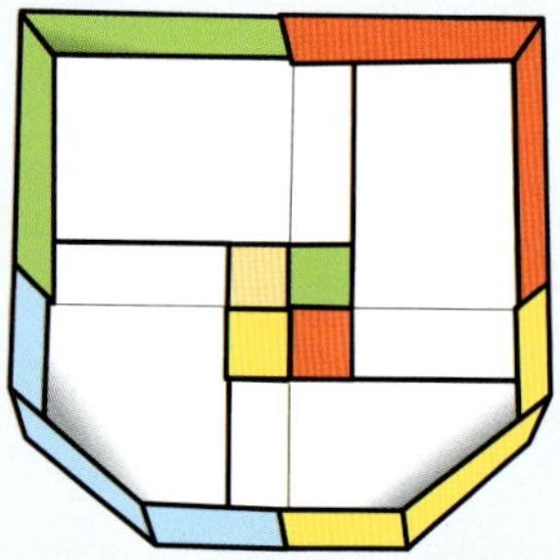

팁 : 호그와트의 H를 잘라 문장 가운데에 붙여 장식한다.

완성!

부화하는 노버트

〈해리 포터와 불의 잔〉에서 해리 포터와 동료 챔피언들은 다 자란 용, 특히 헝가리 혼테일은 건드리지 말아야 한다는 사실을 알게 된다. 하지만 새끼 용은 전혀 다르다. 잘 지켜보지 않으면 오두막을 태워 버릴 수도 있긴 하지만 무척 귀엽다. 첫 번째 영화에서 해그리드가 노버트라고 부르기로 한 자그마한 노르웨이 리지백이 부화하는 모습을 목격했을 때, 해리와 론과 헤르미온느도 그 사실을 깨닫는다.

난이도 : ⚡⚡⚡⚡⚡

부화하는 노버트 만들기

이 종이접기 작품을 완성하여 나만의 새끼 용을 갖게 되면 불같이 포효하는 소리를 지르게 될 것이다.

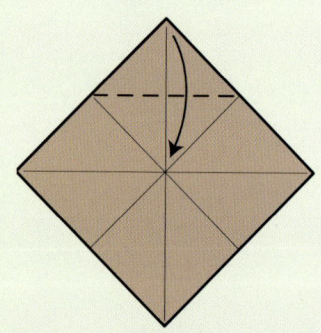

← 종이를 이 방향으로 놓고 시작한다.

1 두 대각선을 접었다 편 뒤 뒤집는다.

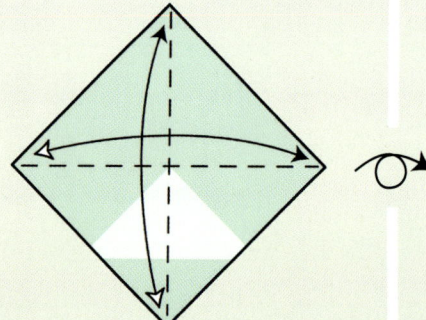

2 반대쪽 가장자리끼리 맞추어 접었다 편다.

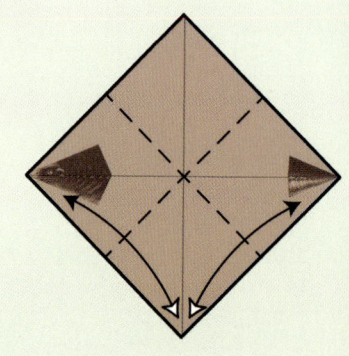

3 위 모서리를 중심점에 맞추어 접는다.

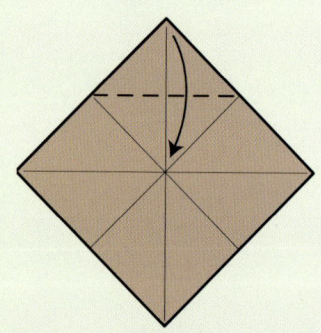

4 아래 모서리를 동그라미에 맞추어 접는다.

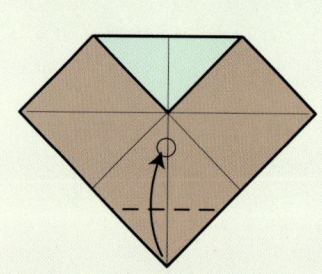

5 접어 놓은 기준선들을 이용해 아래 가장자리를 위로 모아 접는다.

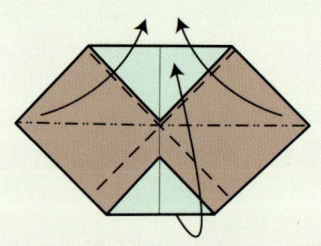

6 왼쪽 날개 한 장을 오른쪽으로 넘겨 접는다.

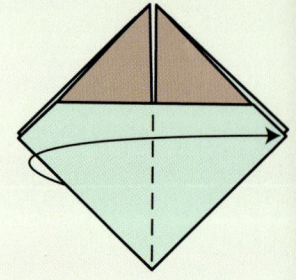

44

7 양쪽 가장자리를 중심선에 맞추어 접는다.

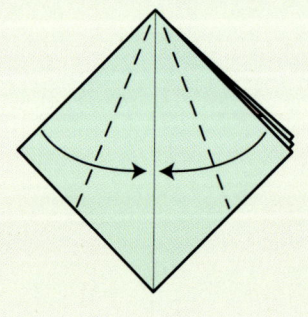

8 오른쪽 날개를 열고 펼쳐눌러접기 한다.

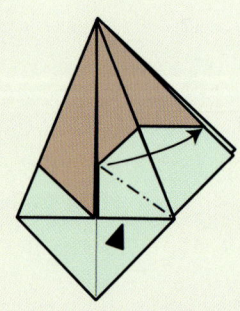

9 오른쪽 한 장을 왼쪽으로 넘겨 접는다.

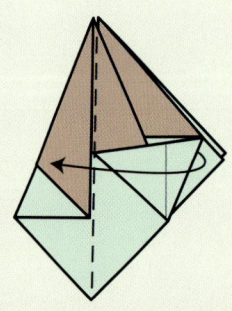

10 오른쪽 날개를 한 장 더 왼쪽으로 넘겨 접는다.

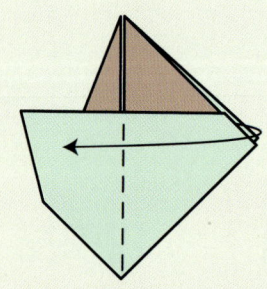

11 양쪽 위 가장자리를 중심선에 맞추어 접는다.

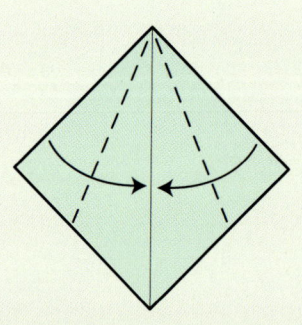

12 순서 8번과 같이 펼쳐눌러접기 한다.

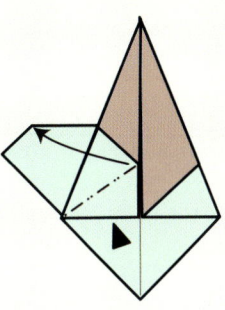

13 왼쪽 뒷장 두 장을 오른쪽으로 넘겨 접는다.

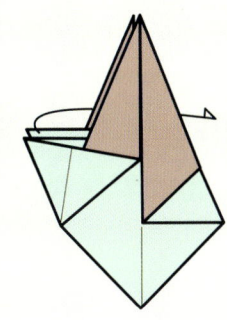

14 날개를 내려 접는다.

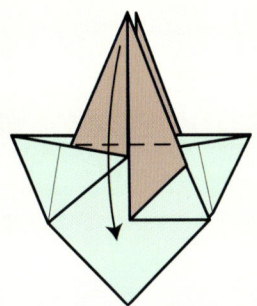

15 간격을 조금 두고 다시 올려 접는다.

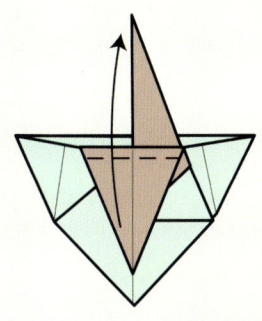

16 날개를 오른쪽에서 왼쪽으로 넘겨 접는다.

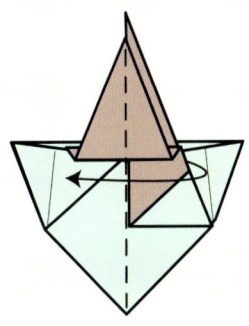

17 동그라미 부분을 잡고 왼쪽 날개를 점선 위치까지 당겨 평편하게 눌러 접는다.

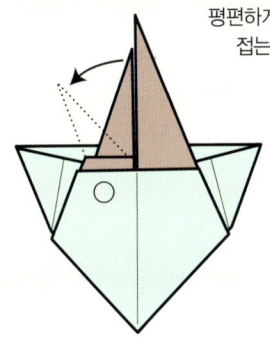

45

18 표시된 부분에 짧고 뚜렷한 기준선을 만든다. 종이를 뒤집는다.

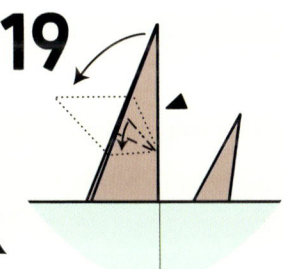

19

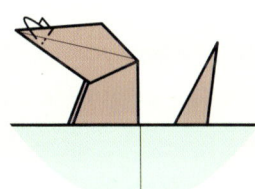

표시된 기준선 두 개를 만들기 시작한 다음, 점선에 맞추어 날개를 펼쳐눌러접기 한다.

20

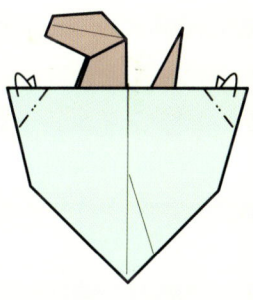

뾰족한 끝을 뒤로 넘겨 접어 용의 코를 만든다.

21 양쪽 모서리를 뒤로 넘겨 접어 알 모양을 표현한다.

22 기준선을 이용해 계단접기 하여 알을 입체적으로 만든다.

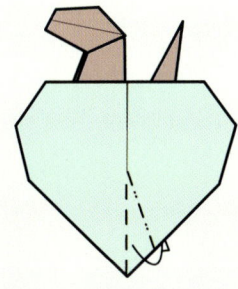

23 표시선 부분을 뒤로 접고 뒤쪽 아래를 평편하게 고정한다.

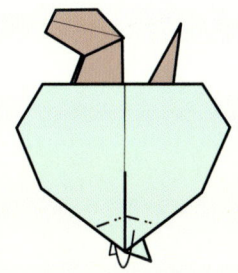

완성!

날아다니는 포드 앵글리아

아서 위즐리의 날아다니는 포드 앵글리아는 마법으로 개조한 머글 자동차다.
〈해리 포터와 비밀의 방〉에서 해리와 론이 킹스크로스역 9와 4분의 3번 승강장에
들어오지 못할 때, 구조해 주는 것이 바로 이 포드 앵글리아다.
호그와트 급행열차를 놓친 둘은 포드 앵글리아를 타고 호그와트까지 날아가다가,
결국 교정에 심어진 후려치는 버드나무에 떨어지고 만다.
버드나무가 후려치는 순간 둘은 곧 후회한다. 아얏!

날아다니는 포드 앵글리아 만들기

해리와 론은 위즐리 씨의 포드 앵글리아를 타고 일생일대의 드라이브를 즐긴다. 여러분도 이 종이접기와 함께 큰 즐거움을 느낄 수 있을 것이다.

종이를 이 방향으로 놓은 다음 뒤집어서 → 시작한다.

1 흰 면이 보이게 놓고 가로와 세로로 반 접었다 편다.
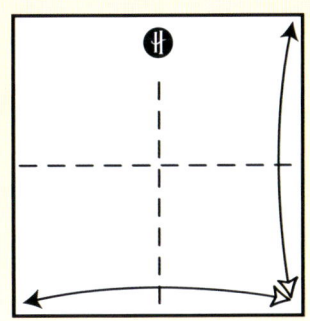

2 위아래 가장자리를 중심선에 맞추어 접었다 편다.
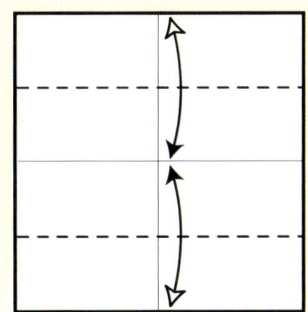

3 위아래 가장자리를 가장 가까운 기준선에 맞추어 접었다 편다.
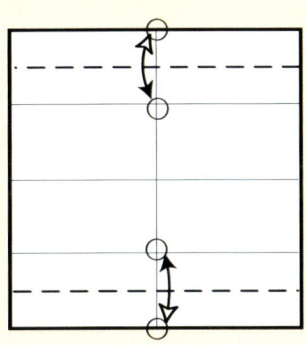

4 각 가장자리의 동그라미끼리 만나도록 접었다 편다. 종이를 시계 반대 방향으로 90도 돌린다.
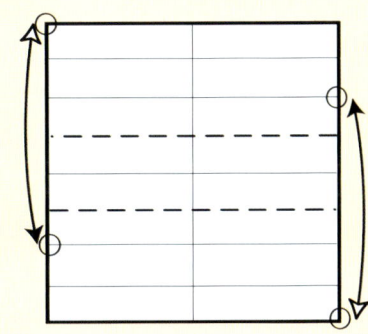

5 각 가장자리의 동그라미끼리 만나도록 접었다 펴면서 종이를 4등분하는 기준선을 만든다.
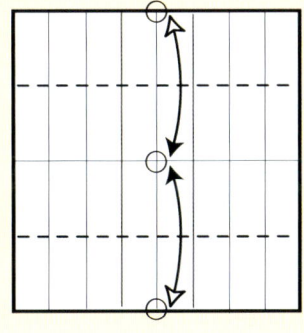

6 아래 가장자리를 4분의 1 기준선에 맞추어 접었다 편다.
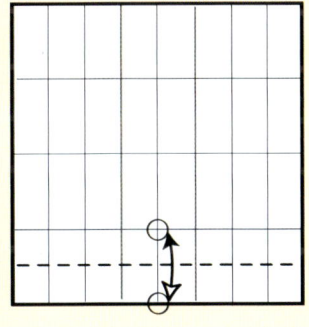

7 동그라미끼리 만나도록 하여 골짜기선 부분만 접었다 편다. 반대쪽도 같은 방법으로 접는다. 종이를 뒤집는다.
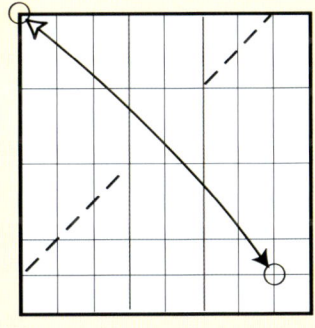

8 동그라미끼리 만나도록 하여 골짜기선 부분만 접었다 편다. 반대쪽도 같은 방법으로 접는다.
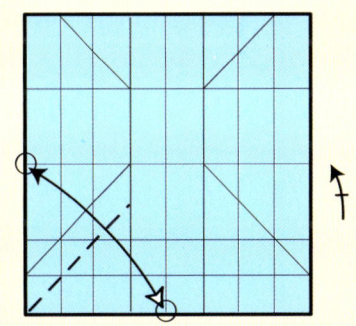

9 골짜기선 부분을 접었다 편다.
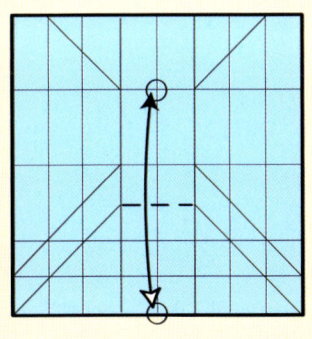

10 동그라미끼리 만나도록 하여 골짜기선 부분에 짧은 기준선을 눌러 접었다 편다. 반대쪽도 같은 방법으로 접은 다음 뒤집는다.

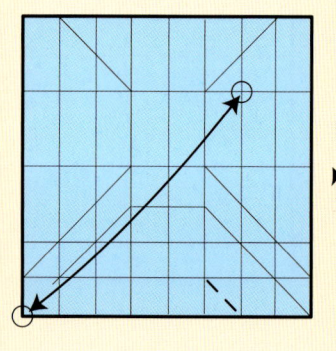

11 위 가장자리를 중심선에 맞추어 접는다.

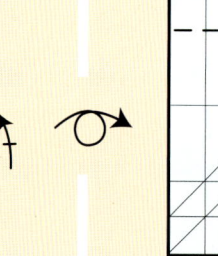

12 표시된 선을 보며 윗장만 들어 올려 계단접기를 한다. 왼쪽 면이 평편하게 펴지지 않고 각이 진다.

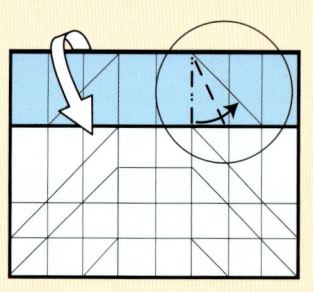

13 종이가 그림과 같은 모양이 된다. 표시선 부분에 골짜기접기선으로 짧은 기준선을 만들고 순서 12의 그림처럼 편다.

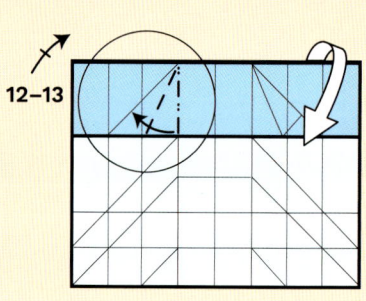

14 왼쪽도 순서 12~13과 같은 방법으로 접는다.

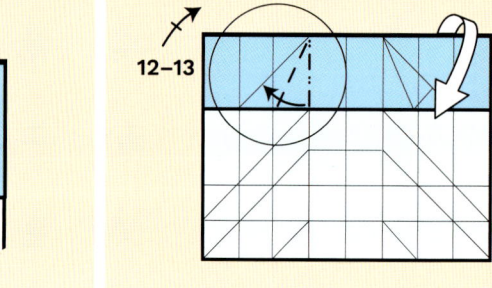

15 윗장을 위로 펼친 뒤 종이를 뒤집는다.

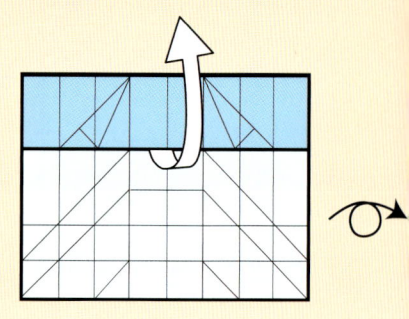

16 접어 놓은 기준선들을 이용해 종이를 입체적으로 접는다.

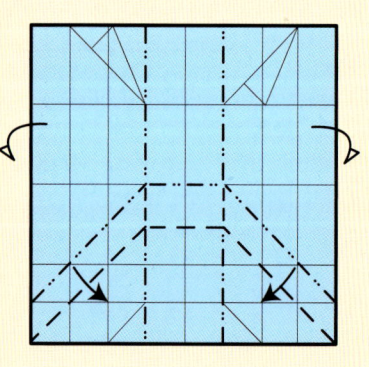

17 좌우 옆면 가장자리를 안으로 접으면서 차의 앞면 가장자리를 아래로 내린다.

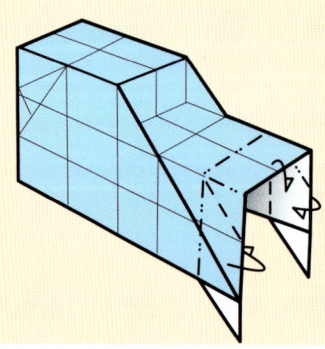

18 흰색 모서리를 안으로 접어 넣어 고정하고, 꼼꼼히 눌러 준다.

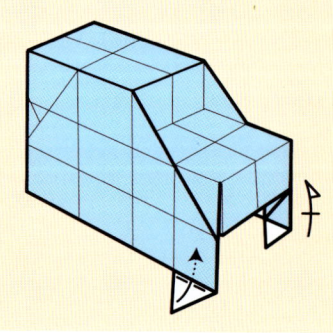

19 기준선들을 접어 자동차 트렁크를 경사지게 접는다.

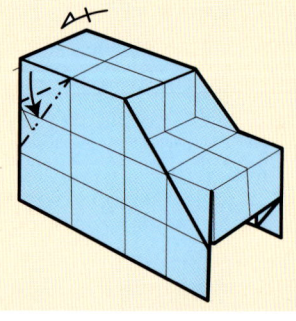

20 그림처럼 접었다면 이제 동그라미 부분을 확대해 보자.

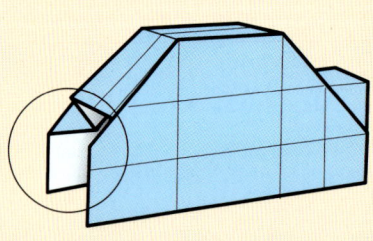

21 동그라미를 기준으로 왼쪽 가장자리를 접었다 편다.

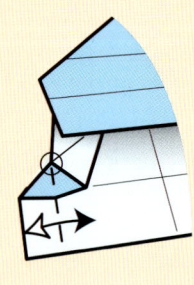

48

22 순서 23을 참고해
삼각형 아랫부분을 들어
올리고 펼쳐눌러접기 한다.

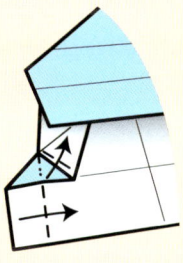

23 반대쪽도
같은 방법으로 접는다.

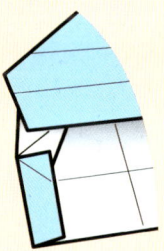

24 아래 모서리를 점선에 맞추어 접는다.
꼼꼼히 눌러 준다.

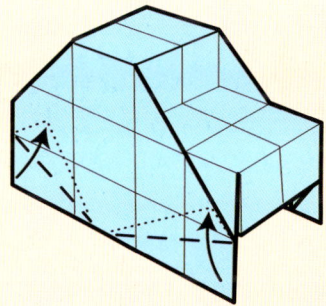

25 바퀴 부분은 접지 않고
양쪽 바퀴 뒤 점선 부분을 잇는
선을 안으로 접어 넘긴다.

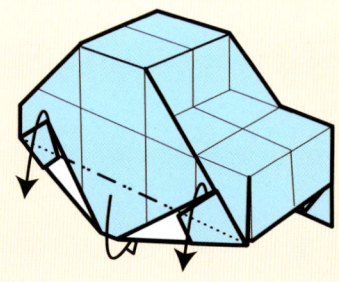

26 바퀴 끝을 뒤로 접는다.
반대쪽도 순서 24-26과
같은 방법으로 접는다.

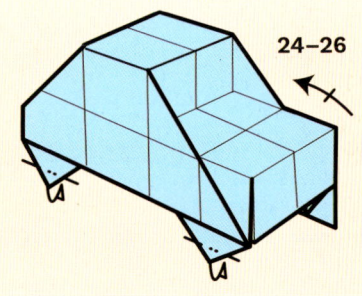

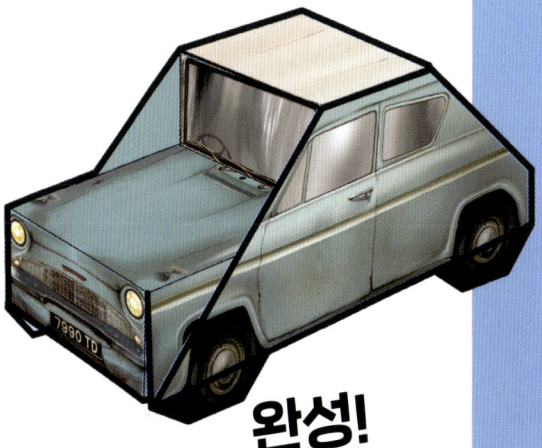

완성!

디멘터

구성 1개

마법 세계에는 무시무시한 생물들이 무척 많지만, 그중에서도 가장 무서운 것은
아즈카반의 디멘터다. 디멘터는 인간의 절망을 먹고사는 유령 같은 존재다.
해리는 〈해리 포터와 아즈카반의 죄수〉에서 호그와트 급행열차를 타고
디멘터를 처음으로 만난다. 새로 부임한 리머스 루핀 교수가 재빨리 대처한 덕분에
해리는 디멘터의 오싹한 입맞춤에 희생당하지 않는다.
다행히 디멘터는 강력한 패트로누스 마법으로 물리칠 수 있다.

난이도 :

디멘터 만들기

디멘터는 이 책에서 소개하는 종이접기 작품 가운데 고급 단계에 속한다. 복잡하지만 근사한 디멘터를 만들려면 해리가 진짜 디멘터와 만날 때처럼 모든 의지력을 끌어모아야 한다.

종이를 이 방향으로 놓고 시작한다. →

1 두 대각선을 접었다 편다.

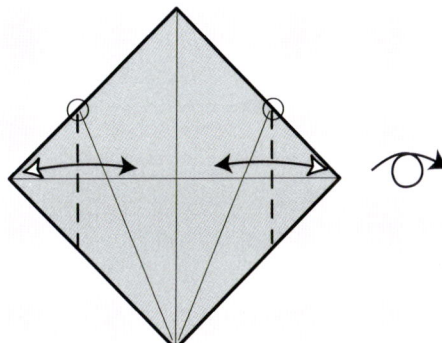

2 아래 가장자리를 중심선에 맞추어 접었다 편 뒤 뒤집는다.

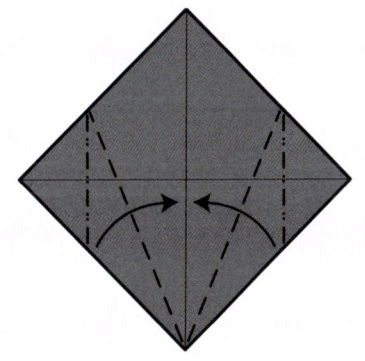

3 동그라미를 기준으로 기준선을 접었다 펴고 뒤집는다.

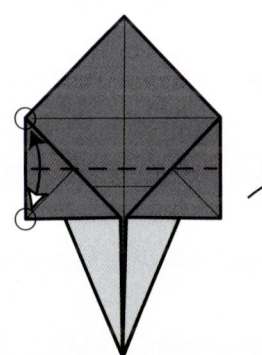

4 기준선을 이용해 접는다.

5 마름모 부분을 반 접었다 편다.

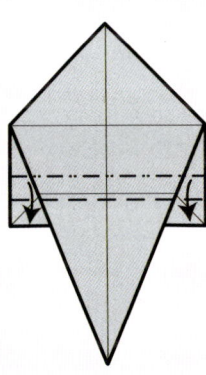

6 동그라미 사이에 기준선을 하나 더 접었다 펴고 뒤집는다.

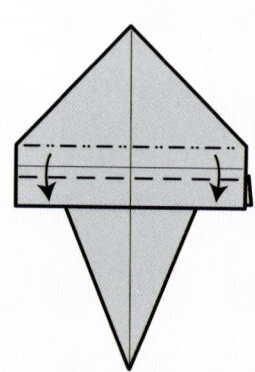

7 순서 6에서 만든 기준선을 아래 모서리에 맞추어 접어 골짜기접기선을 만든다. 기존의 기준선은 무시한다.

8 기존의 기준선은 무시하고 순서 7과 같이 한 번 더 반으로 접는다.

9 이제 동그라미 부분을 확대해 보자.

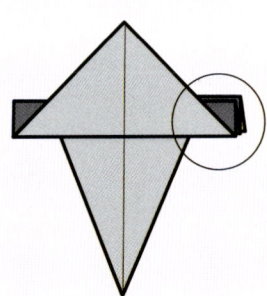

51

10 오른쪽 모서리를 대각선으로 접어 내렸다 편다.

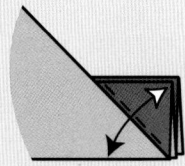

11 모서리를 안쪽으로 접기 한다.

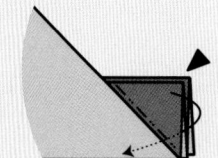

12 뒷장을 순서 10-11과 같은 방법으로 접고, 왼쪽도 순서 10-12와 같은 방법으로 접는다.

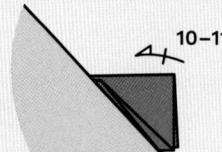
10-11

13

아래 모서리를 점선에 맞추어 접는다.

14 삼각형의 양쪽 가장자리를 밑변 가장자리에 맞추어 접었다 편 뒤, 골짜기선 부분에 기준선을 만든다.

15 오른쪽 반을 왼쪽 뒤로 접어 넘기면서 앞장 삼각형을 골짜기접기선으로 모아 접는다.

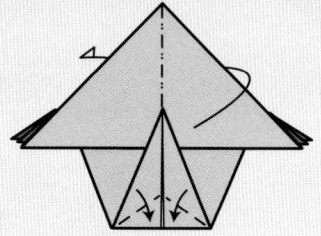

16

동그라미 부분을 잡고 뾰족한 끝을 아래로 조금 당긴다. 점선에 맞춘 새 위치에서 눌러 접는다.

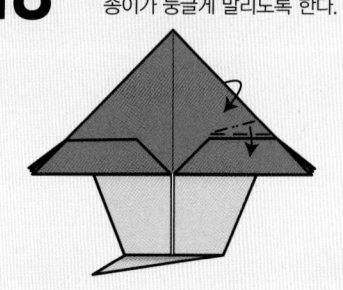

17

윗부분을 벌린다.

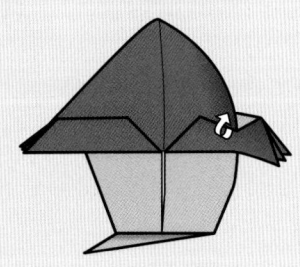

18 그림의 선을 따라 계단접기 하여 종이가 둥글게 말리도록 한다.

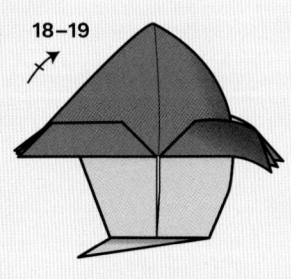

19 작은 날개는 종이 뒤로 끼워 넣는다.

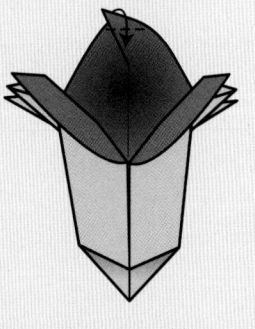

20 왼쪽도 순서 18-19와 같은 방법으로 접는다.

18-19

21

위 모서리에도 작게 계단접기를 한다.

22

순서 21에서 접은 부분을 원하는 만큼 내려 접는다.

23

종이를 둥글게 다듬어 디멘터 모양을 만든다.

완성!

52

집요정

작은 마법 생물인 집요정은 긴 코에 그보다 더 긴 귀를 가졌다.
매우 충성스럽고 순종적이며 유서 깊은 마법사 가문에서 하인으로 일하는 경우가 많다.
예를 들어 말포이 가문에는 '도비'라는 이름을 가진 집요정이 있다. 도비는 해리와 좋은 친구가 된다.
집요정에게는 비록 지팡이가 없지만 강력한 마법을 쓸 수 있다.
말포이가 도비에게 양말 한 짝을 주듯이 오직 주인이 옷을 주어야만 자유로워질 수 있다.

집요정 만들기

첫 번째 시도에서 뜻대로 만들지 못하더라도
도비처럼 너무 자신을 혹사하지는 말자.
조금 까다롭기는 하지만
틀림없이 해낼 수 있다!

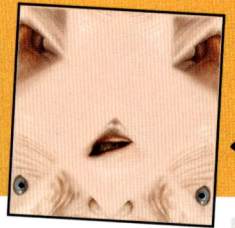

← **종이를 이 방향으로
놓고 시작한다.**

1 가로와 세로로 반 접었다
편 다음 종이를 뒤집는다.

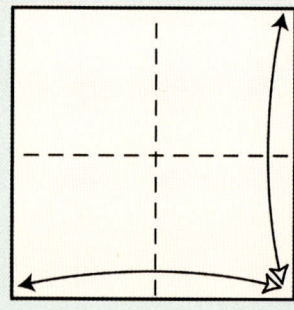

2 두 대각선을
접었다 편다.

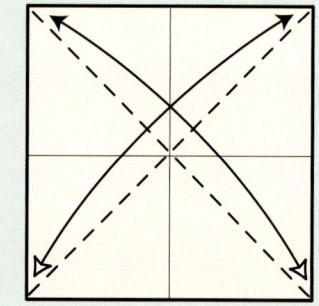

3 네 모서리 모두
중심점에 맞추어 접었다 편다.

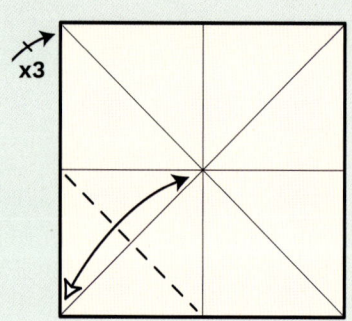

4 접어 놓은 기준선들을
이용해 모아 접는다.

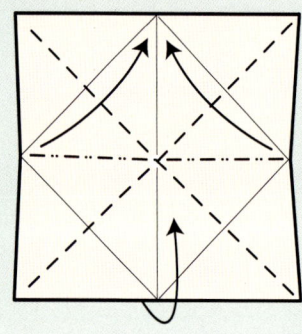

5 아래 모서리를 위 가장자리의
중심에 맞추어 접었다 편다.

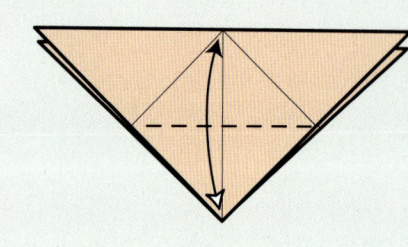

6 위 가장자리의 중심을 아래 모서리에
맞추어 내리면서 위쪽 좌우 가장자리가
중심선에서 만나도록 윗장만 접어 내린다.

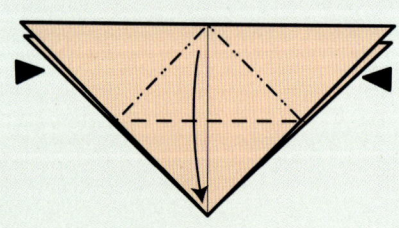

7 모서리를 안쪽으로 접기 한다.
왼쪽도 같은 방법으로 접는다.

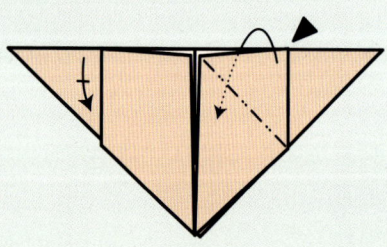

8 위쪽 모서리를 오른쪽 모서리에
맞추어 접는다. 왼쪽도
같은 방법으로 접는다.

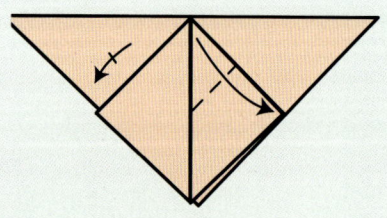

9 오른쪽 모서리를
중심에 맞추어 접었다 편다.

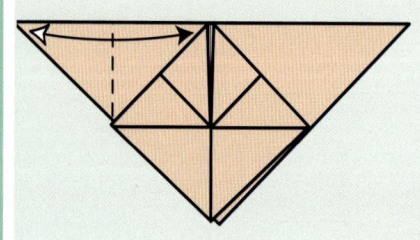

10 모서리의 각을 반으로 접었다 펴서
기준선을 두 개 만든다.

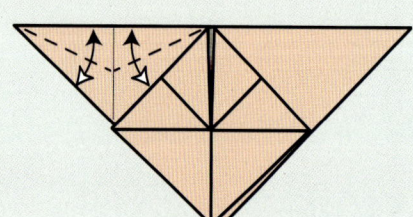

11 날개의 중심을 안으로 모아 접으며
모서리를 오른쪽으로 넘겨 접는다.

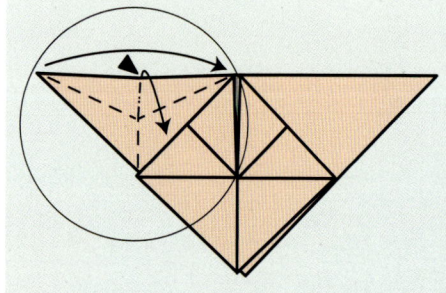

54

12 다음 순서의 그림을 참고하며 날개를 벌려 비대칭적으로 눌러 접는다.

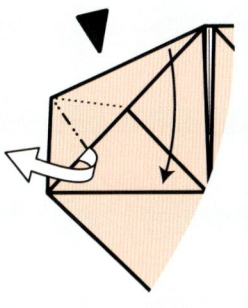

13 귀 일부를 뒤로 넘겨 접는다.

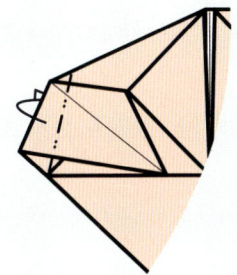

14 날개를 펴면서 귀의 곡선과 입체감을 살려 모양을 잡는다.

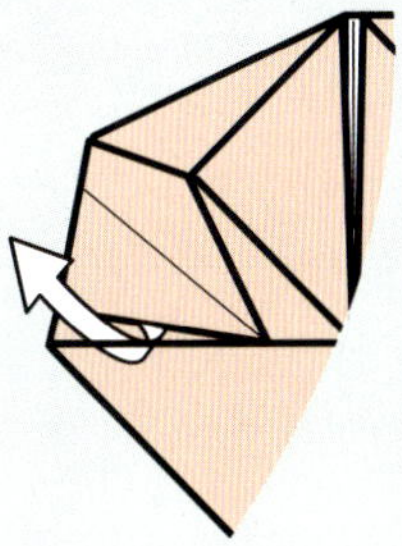

15 왼쪽 귀가 완성되었다. 오른쪽도 순서 9–14와 같은 방법으로 접는다.

9–14

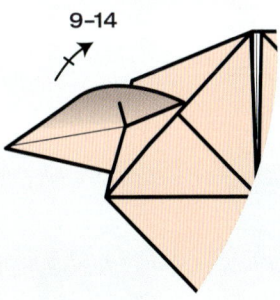

16 아래 모서리를 위로 접는다.

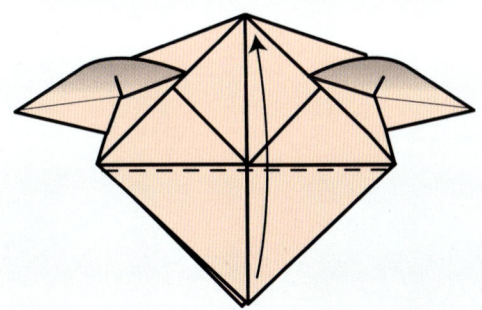

17 기준선 두 개를 3분의 1 각도로 만든다.

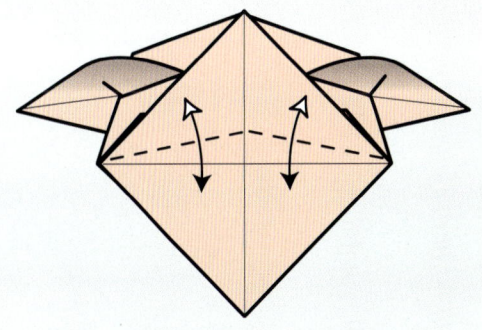

18 아래 모서리를 교차점에서 조금 간격을 두고
동그라미에 맞추어 접는다.

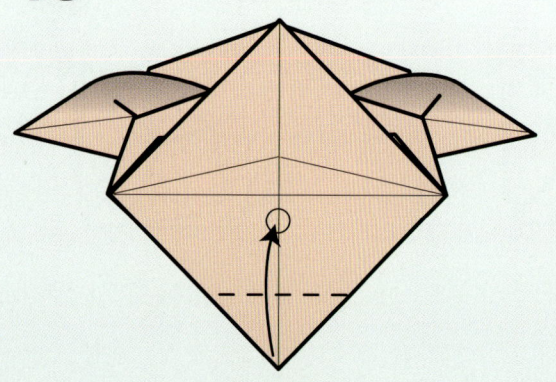

19 간격을 조금 남겨 두고
다시 아래로 접는다.

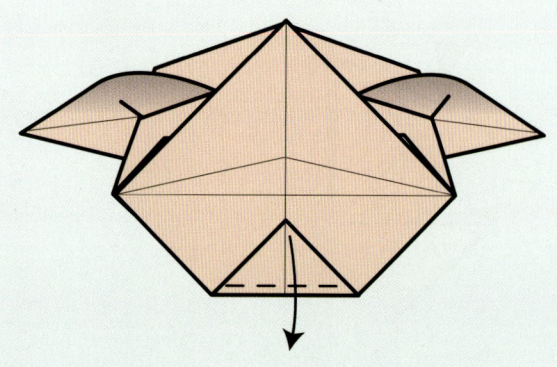

20 입 모양이 되도록
둥글게 접는다.

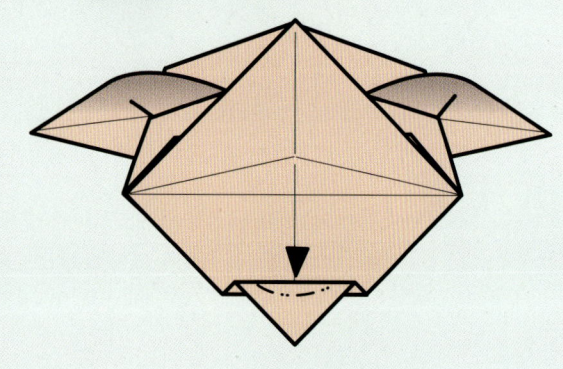

21 순서 17에서 만든 기준선을 이용해
뾰족한 코를 만든다.

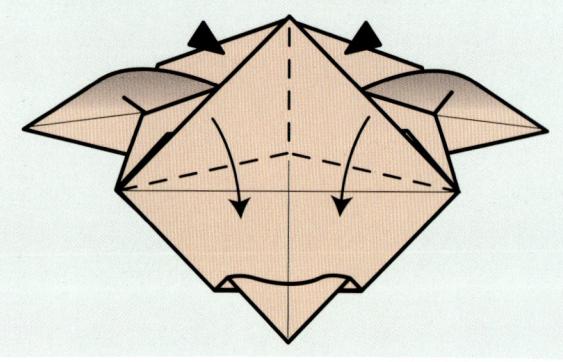

22 윗장 양쪽 모서리를 뒤로 접어 넘긴다.
코는 원하는 모양으로 잡는다!

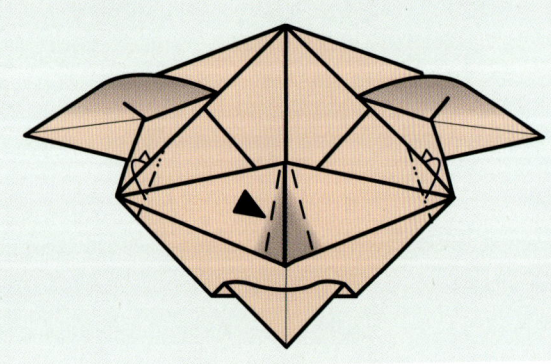

23 그림처럼 계단접기 하여
입체적으로 만들고 나서 뒤집는다.

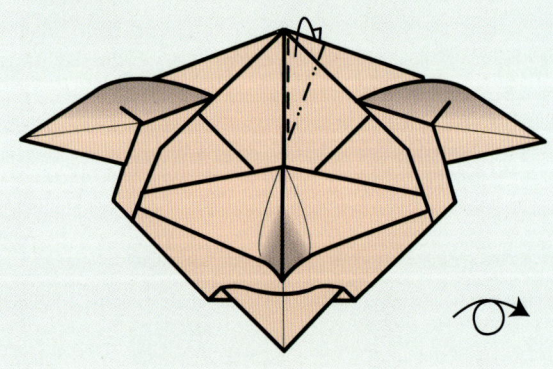

24 접은 부분을 뒤로 산접기 하여
머리 모양을 고정한다. 머리 양옆을
조심스럽게 구부린 다음 뒤집는다.

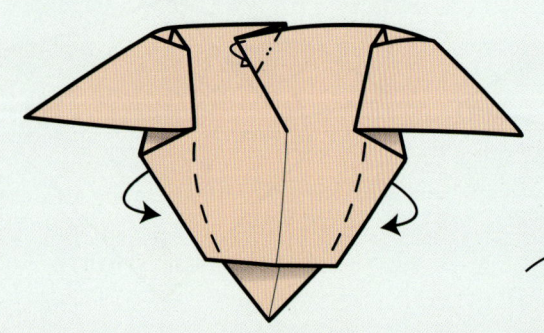

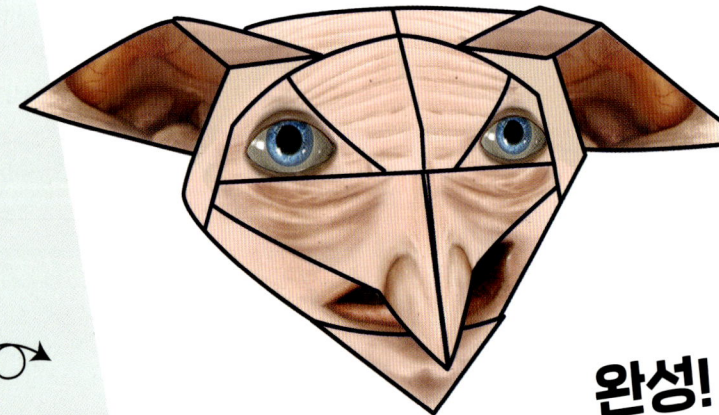

완성!

56

해그리드의 오두막

금지된 숲 가장자리, 호박밭 옆에 자리한 오두막은 거인 혼혈인 루비우스 해그리드의 집이다.
해그리드는 사냥개 팽 그리고 여러 마법 생물(대개는 위험하다)과 함께 오두막에 산다.
친절한 숲지기는 이 오두막에 자주 찾아와 해리와 론과 헤르미온느에게
악명 높은 록 케이크를 선물한다. 이를 부러뜨리고 싶지 않으면
예의 바르게 거절하는 것이 좋다!

난이도 :

해그리드의 오두막 만들기

영화에서 해리가 해그리드를 방문할 때처럼 처음에는 조금 긴장할 수도 있다. 해그리드의 오두막에 가면 언제나 깜짝 놀랄 일들이 넘쳐나는 것처럼, 분명 오두막을 완성해 가면서 즐거운 시간을 보내게 될 것이다.

종이를 이 방향으로 놓은 다음 뒤집어서 시작한다. →

1 흰색이 앞면이 되도록 놓는다. 반으로 접어 양 끝을 눌러 표시한다.

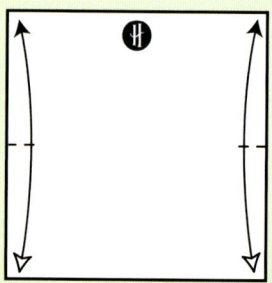

2 위아래 가장자리를 중심선에 맞추어 접었다 편다.

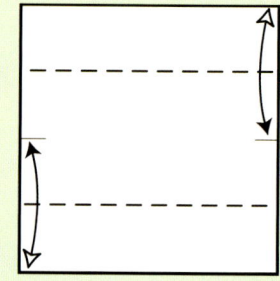

3 아래 가장자리의 중심을 접어 표시한다.

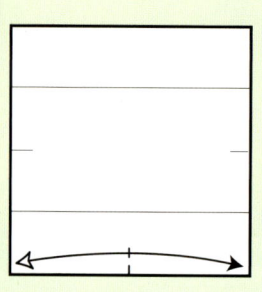

4 4분의 1 지점을 접어 표시한다.

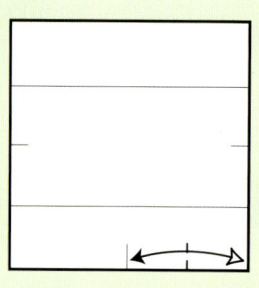

5 8분의 1 지점을 접어 표시한다.

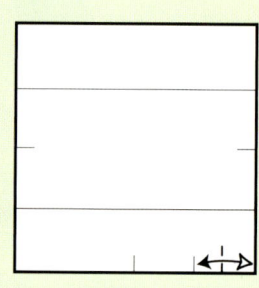

6 왼쪽 아래 모서리를 기준선에 맞추어 접었다 편다.

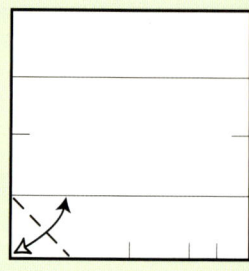

7 (확대한 모습) 아래 가장자리를 앞에서 접은 기준선에 맞추어 접었다 편다.

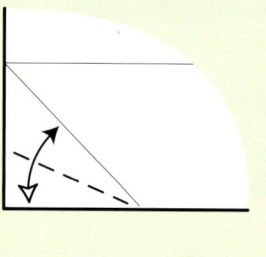

8 위아래 가장자리를 중심선에 맞추어 접는다.

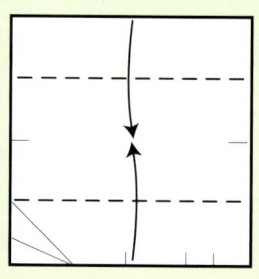

9 왼쪽 가장자리를 가장 먼 기준선에 맞추어 접었다 편다.

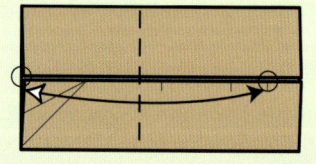

10 안쪽 모서리를 바깥쪽 가장자리에 맞추어 접었다 편다.

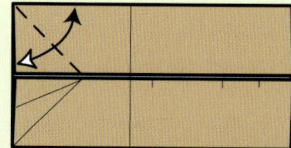

11 순서 7과 같은 방법으로 접어 기준선을 만든다.

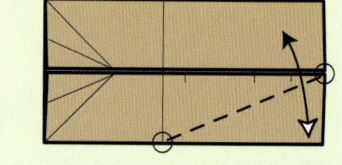

12 동그라미 사이를 접어 기준선을 만든다. 접기 전에 주의 깊게 확인한다.

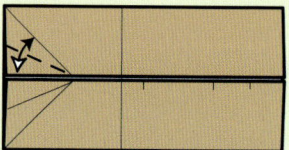

13 오른쪽 아래 가장자리를
순서 12에서 접은 기준선에
맞추어 접었다 편다.

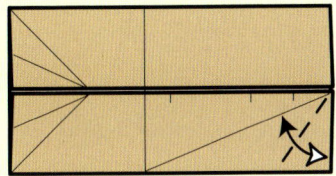

14 순서 12와 같은 방법으로
모서리를 접어 내린다.

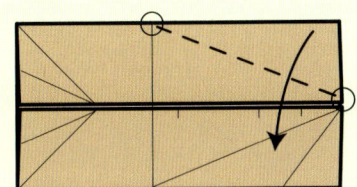

15 짧은 가장자리를 바깥쪽
가장자리에 맞추어 접었다 편다.
큰 삼각형을 모두 편다.

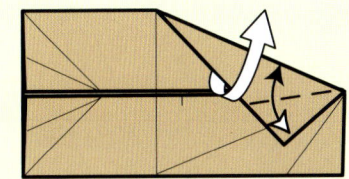

16 오른쪽 아래 모서리를
안쪽으로 접기 한다.

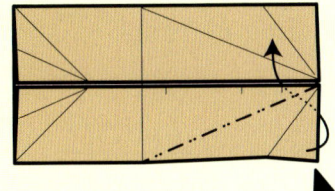

17 왼쪽 가장자리를 기준선이
만나는 곳까지 접었다 편다.
종이를 돌린다.

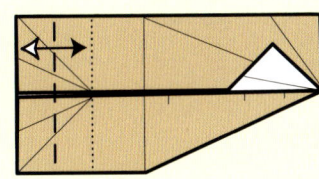

18

이제 유닛 하나가
완성되었다.
같은 방법으로
네 장 더 접는다.

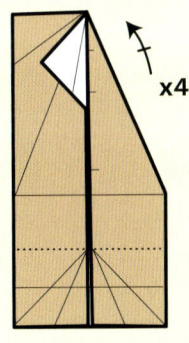

x4

19

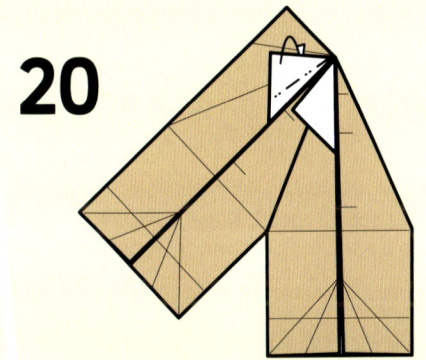

유닛 둘을 그림처럼
배치한다. 한 장의 모서리를
다른 한 장의 흰 모서리
주머니 속으로 밀어 넣는다.

20

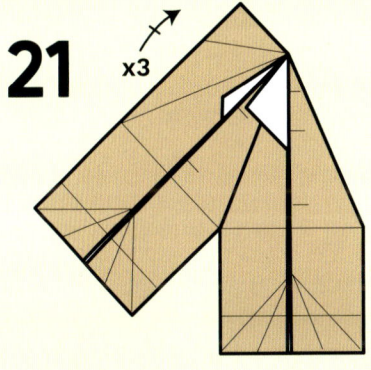

두 유닛이 제대로
맞물렸는지 확인한다.
겹친 날개 두 장을 안으로
접어 넣어 함께 고정한다.

21

x3

나머지 세 장도
순서 19-20과
같은 방법으로 연결한다.

22

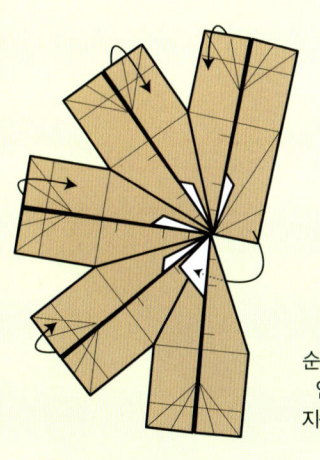

마지막 유닛과
첫 번째 유닛도
순서 19-20과 같이
연결하면 오두막
지붕이 입체를 띤다.

23 한 겹을 펴서 옆 유닛의
위로 포갠다.

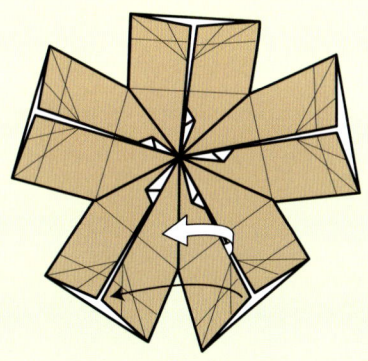

24 접어 놓은 기준선을 이용해
두 겹을 뒤로 넘겨 접는다.

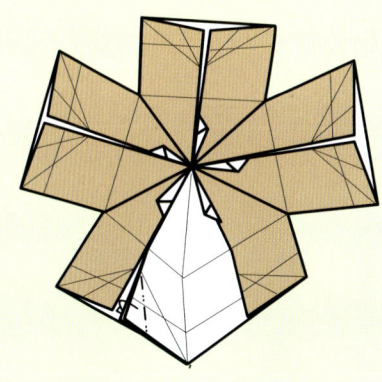

25 종이를 고정하기 위해 한 번 더 접는다.

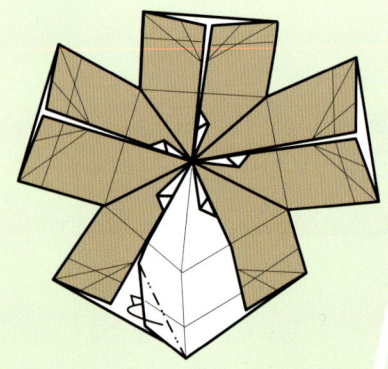

26 나머지 부분도 순서 23-25와 같은 방법으로 접는다.

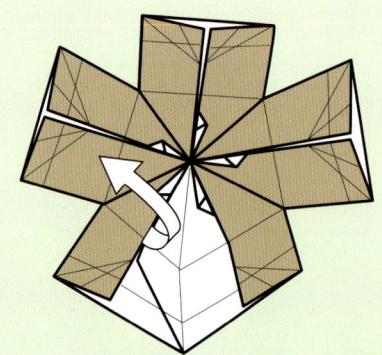

27 위쪽 가장자리를 조심스럽게 안으로 접어 넣는다.

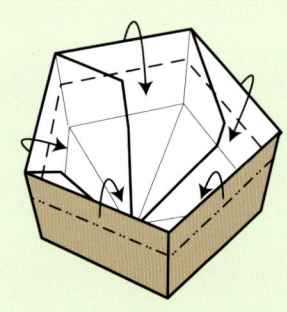

28 모두 접었으면 꼼꼼히 눌러 접는다. 각 면을 돌아가며 빠짐없이 평평하게 눌러 준 다음 뒤집는다.

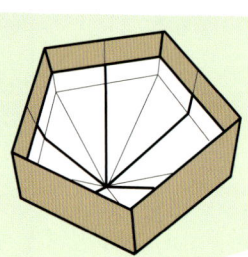

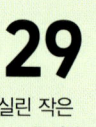

29 책 뒤편에 실린 작은 오두막용 I-V 종이를 같은 방법으로 접어 더 작은 오두막을 만든다.

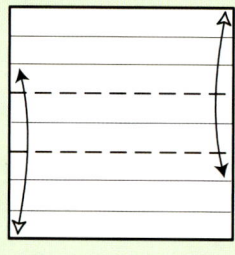

책 뒤편에 실린 종이로 굴뚝을 만든다.

30 반으로 접었다 편다.

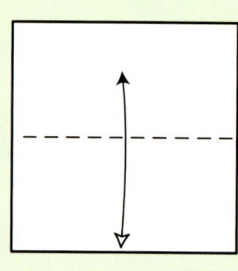

31 위아래 가장자리를 중심선에 맞추어 접었다 편다.

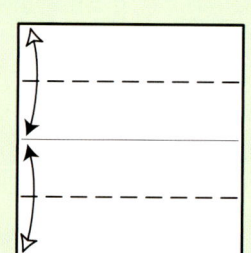

32 위아래 가장자리를 8분의 1 지점에 맞추어 접었다 편다.

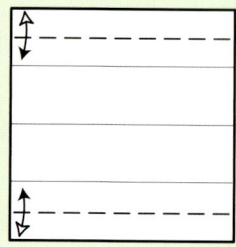

33 위아래 가장자리의 8분의 3 지점을 접었다 편다.

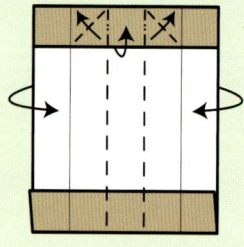

34 점선을 따라 자르고 나서 뒤집는다.

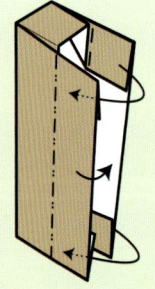

35 골짜기선 부분을 접었다 펴고 종이를 뒤집는다.

36 양쪽 가장자리를 안으로 접는다. 오른쪽에서는 접는 선이 동그라미를 지나야 한다. 왼쪽은 중요하지 않으므로 적당히 접는다. 종이를 돌린다.

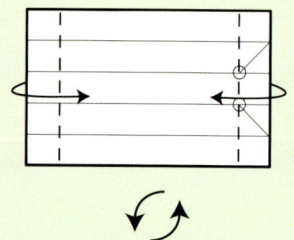

37 윗장을 들어 올리고 양쪽 가장자리를 90도로 꺾어 접는다.

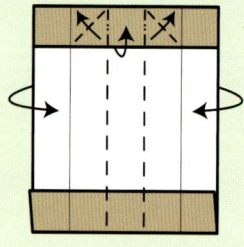

38 날개 두 개를 접어서 한쪽을 다른 한쪽에 끼워 넣는다.

39 접기 과정이 끝났다.

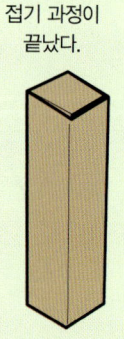

세 유닛을 결합해 오두막을 완성한다.

완성!

60

나이트 버스

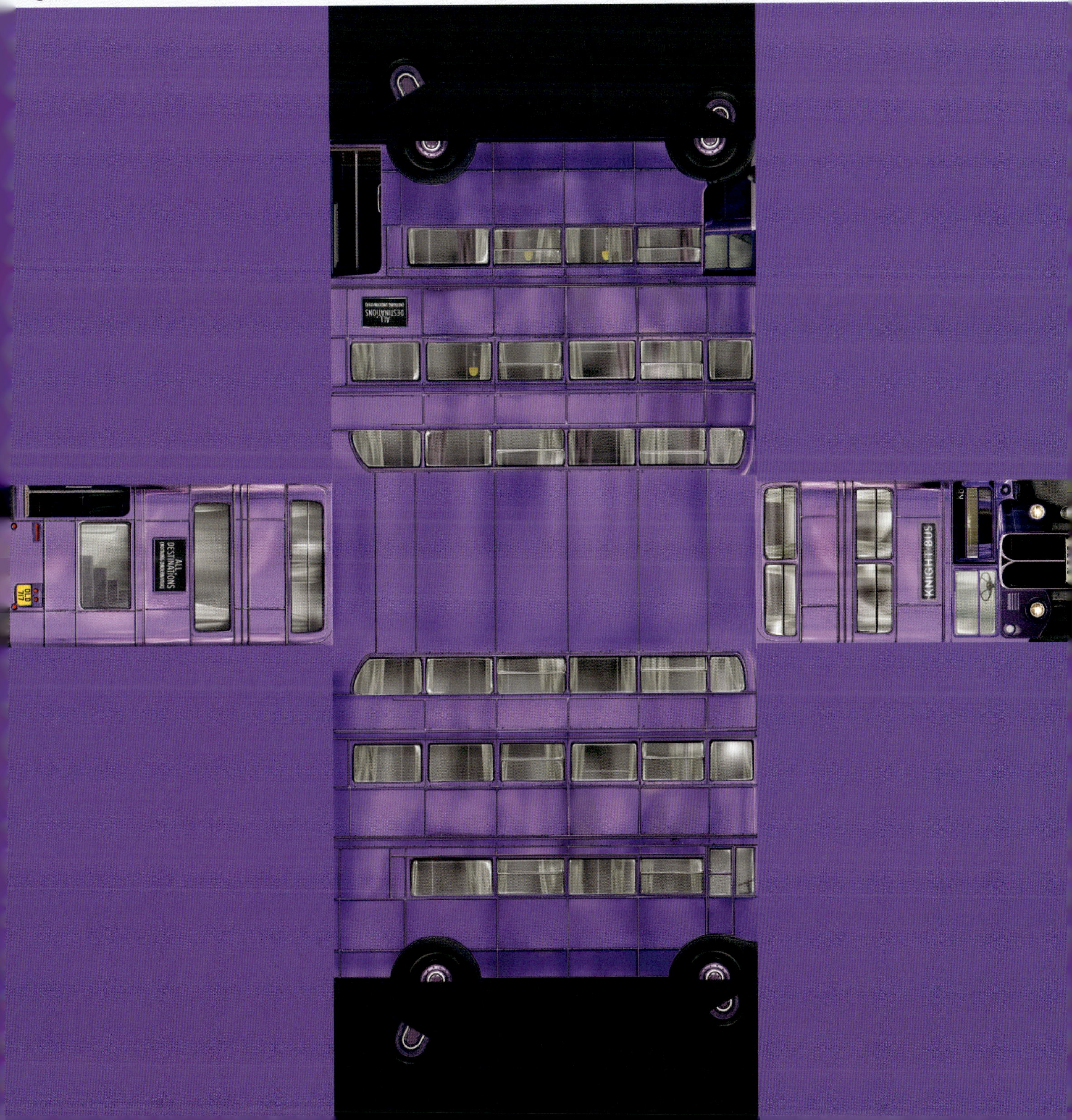

난이도 :

래번클로 까마귀

그리핀도르 사자

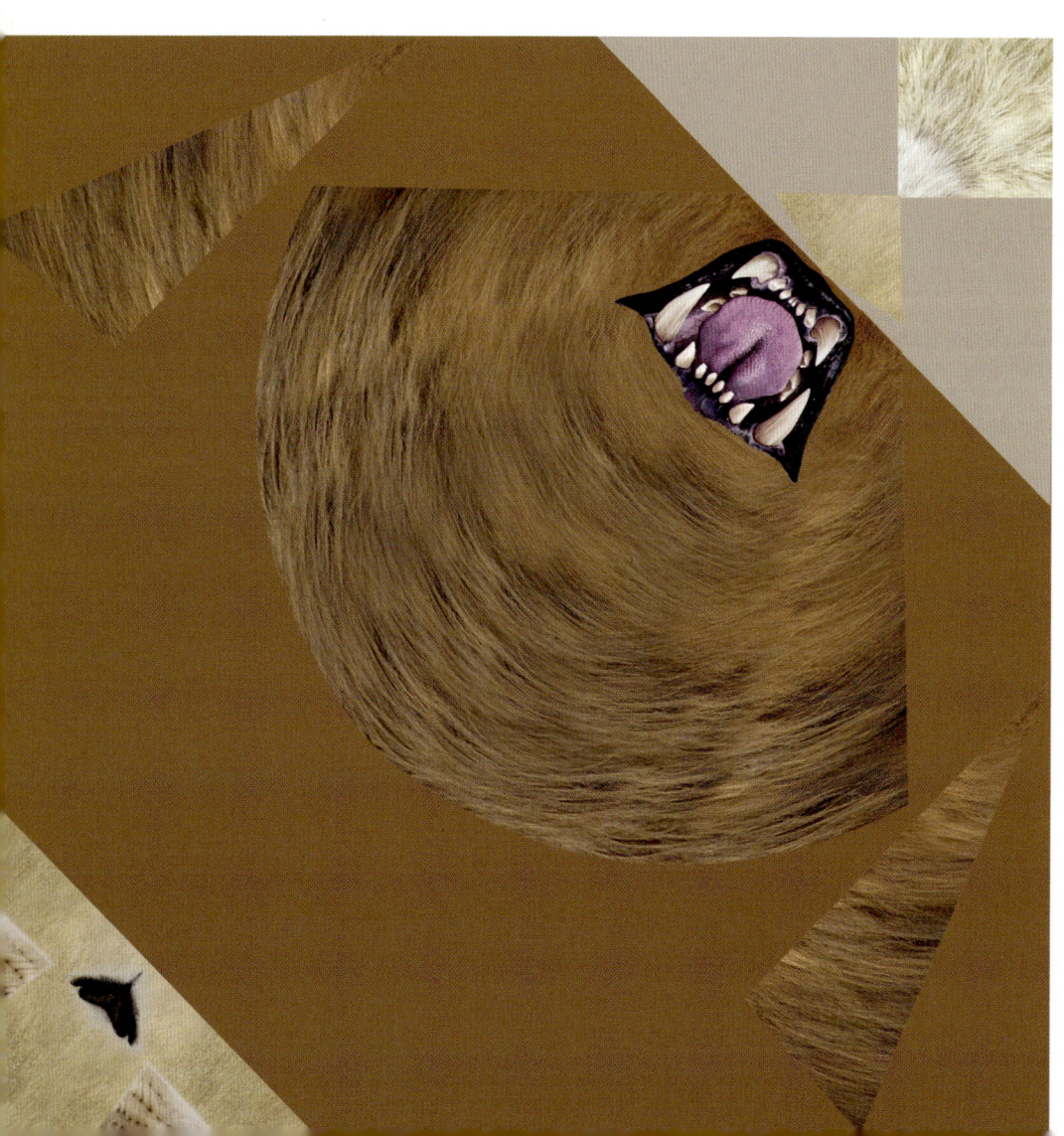

후플푸프 오소리

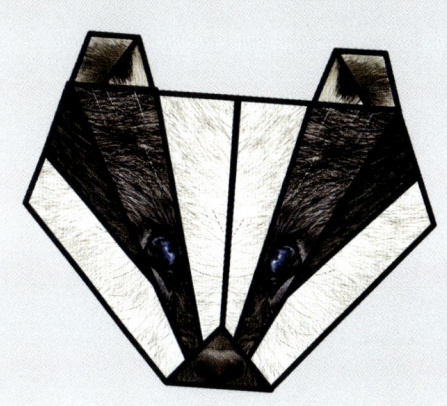

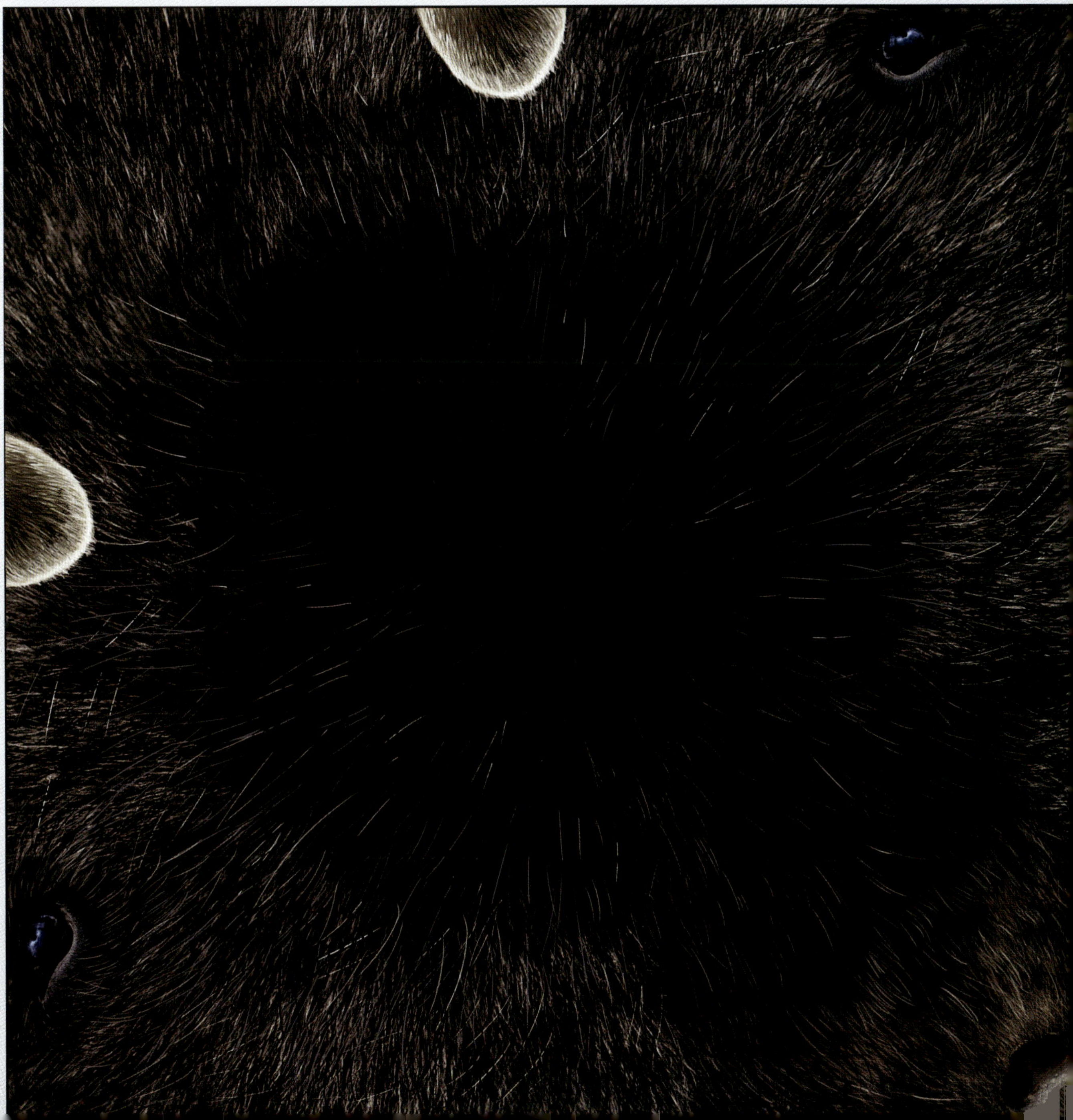

슬리데린 뱀

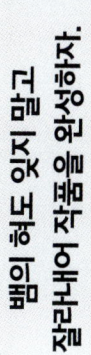

뱀의 혀도 잊지 말고 잘라내어 작품을 완성하자.

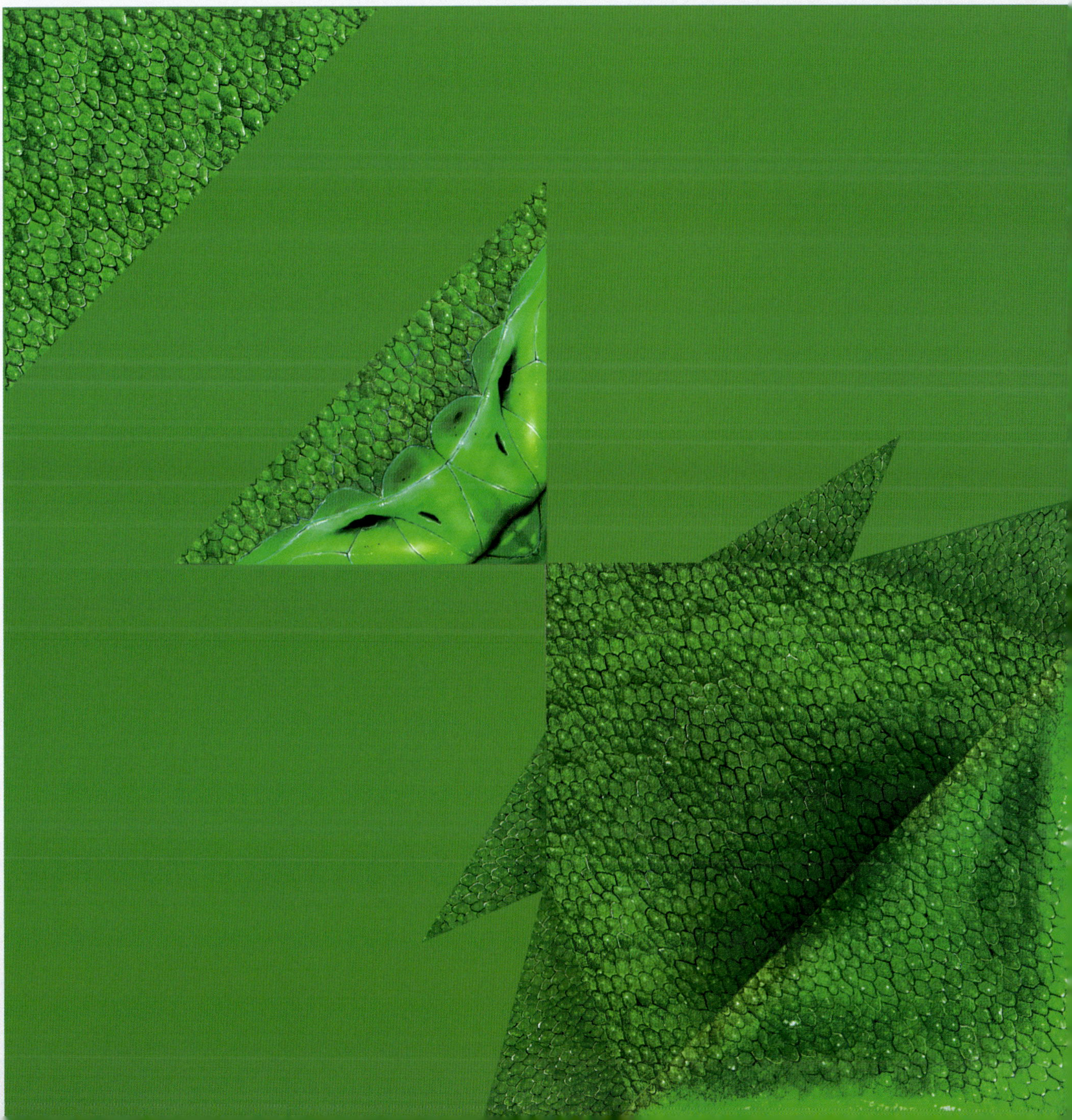

해리의 흉터

호크룩스 반지

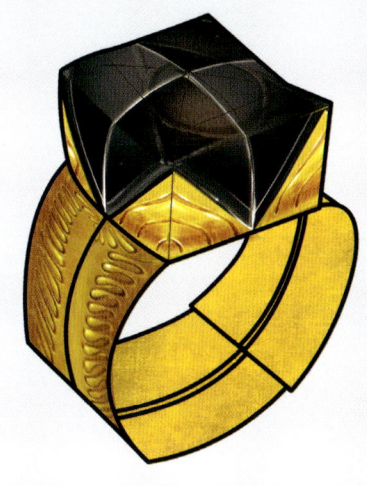

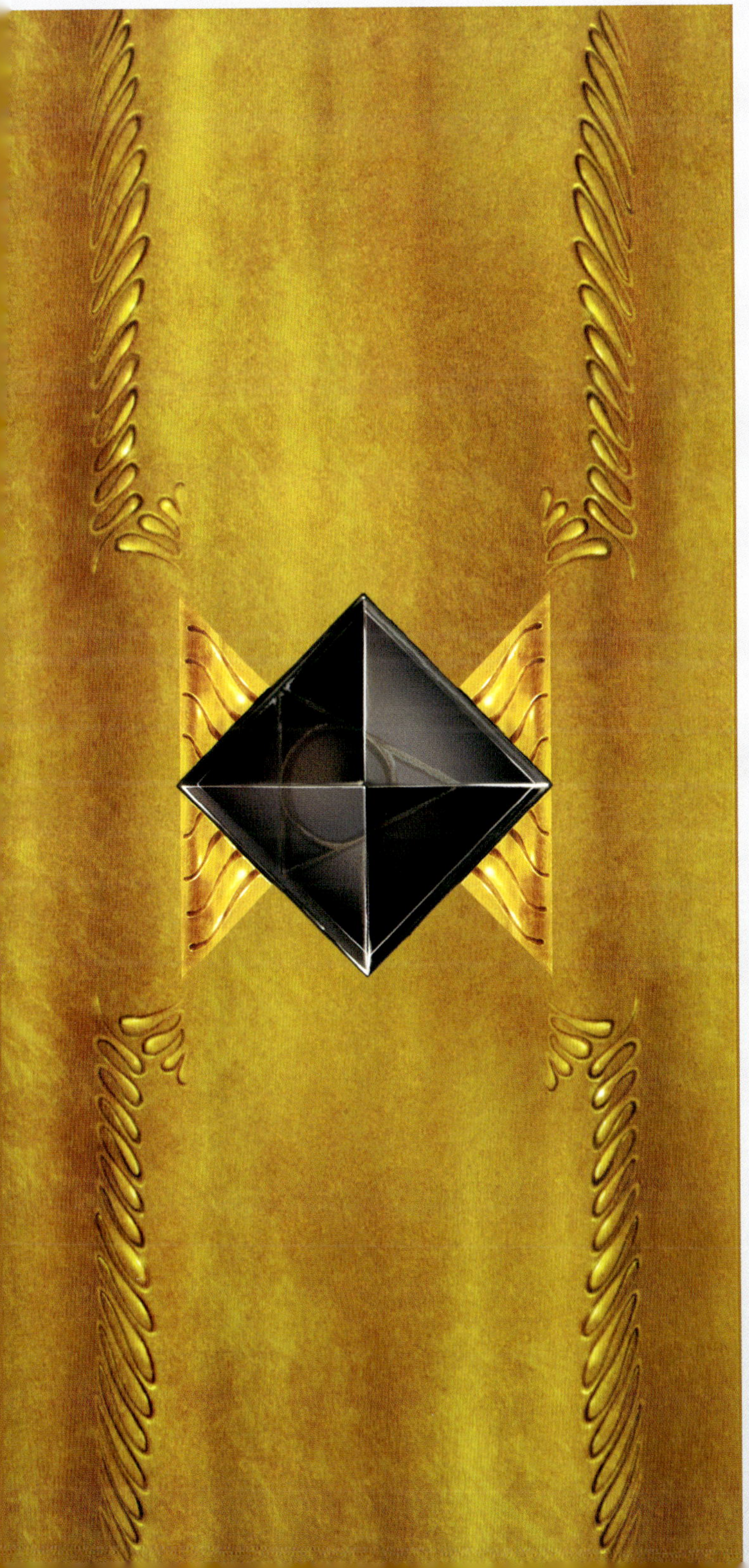

큰 반지를 접는 방법을
익혔으면 손가락에 맞는
작은 반지도 접어 보자.

매드아이 무디의 눈

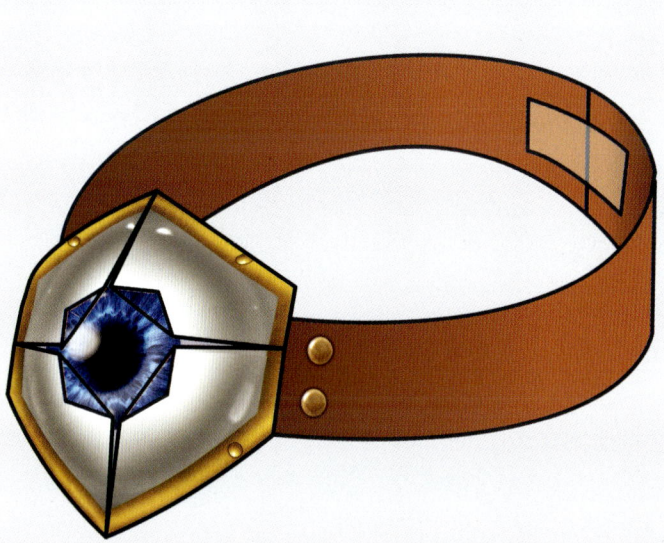

머리에 직접 쓸 수 있도록 아래 띠를 잘라
종이접기 눈에 붙여 보자.

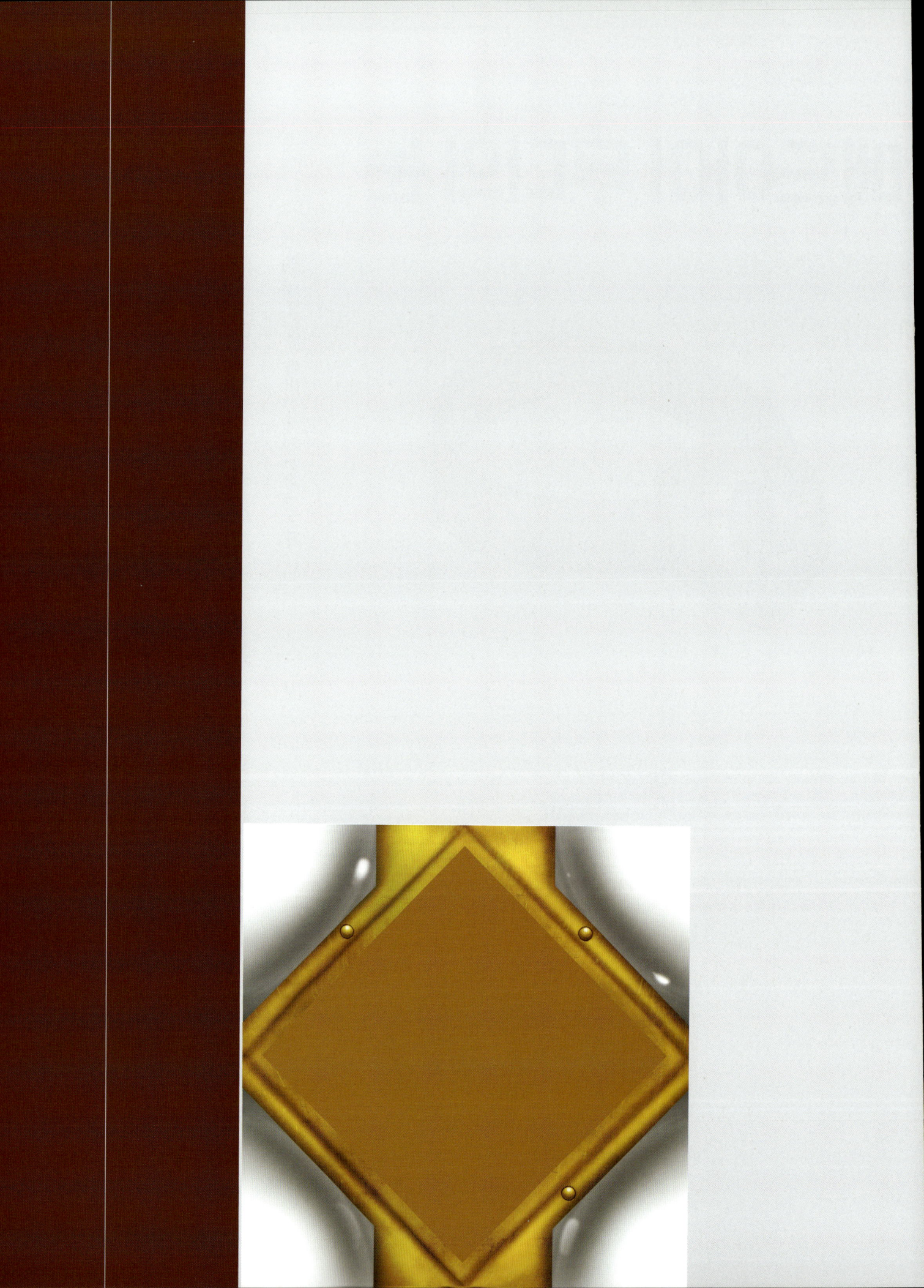

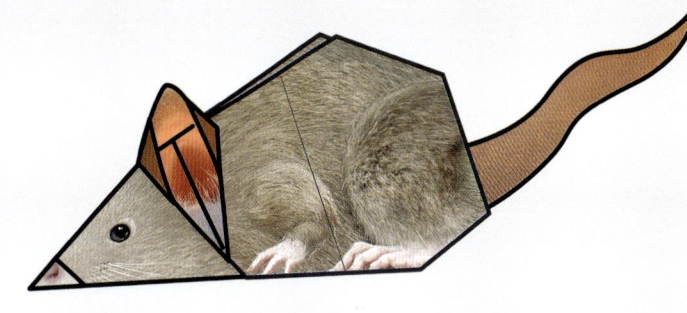
쥐 스캐버스

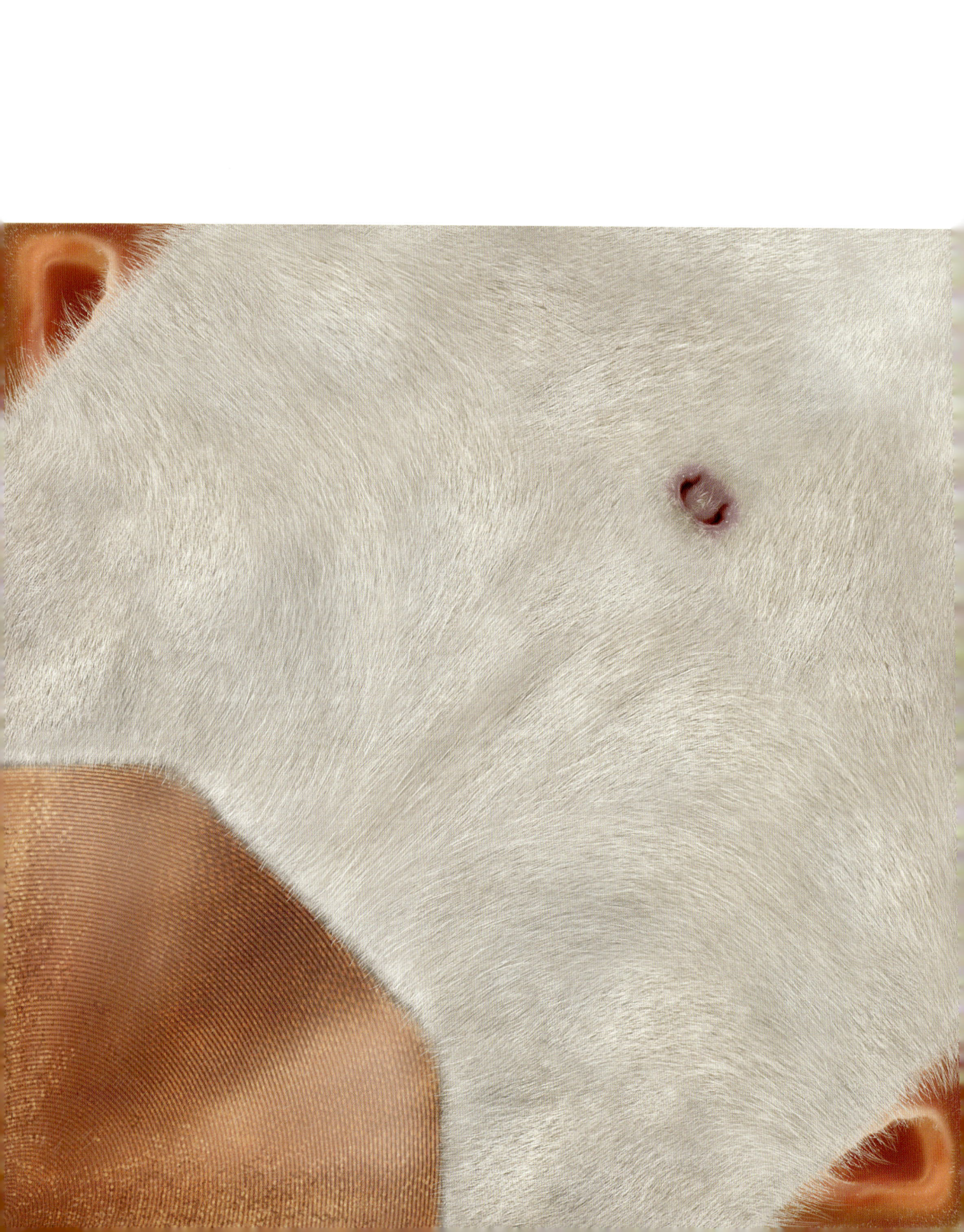

호그와트 문장

Ⅱ. 왼쪽 위

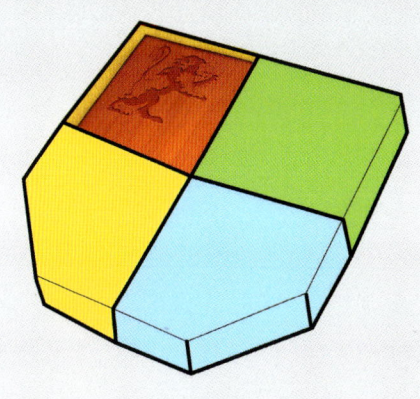

호그와트 문장

Ⅲ. 오른쪽 아래

난이도 :

호그와트 문장

IV. 왼쪽 아래

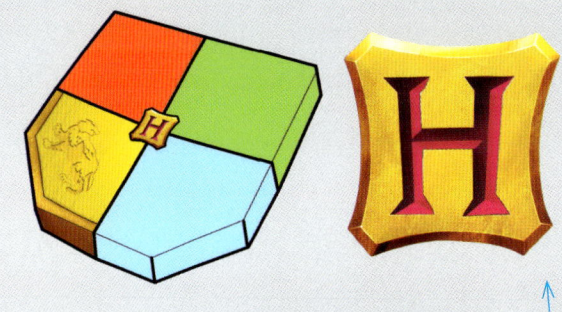

호그와트의 H를 잘라
문장 가운데에
붙여 장식한다.

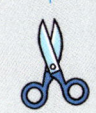

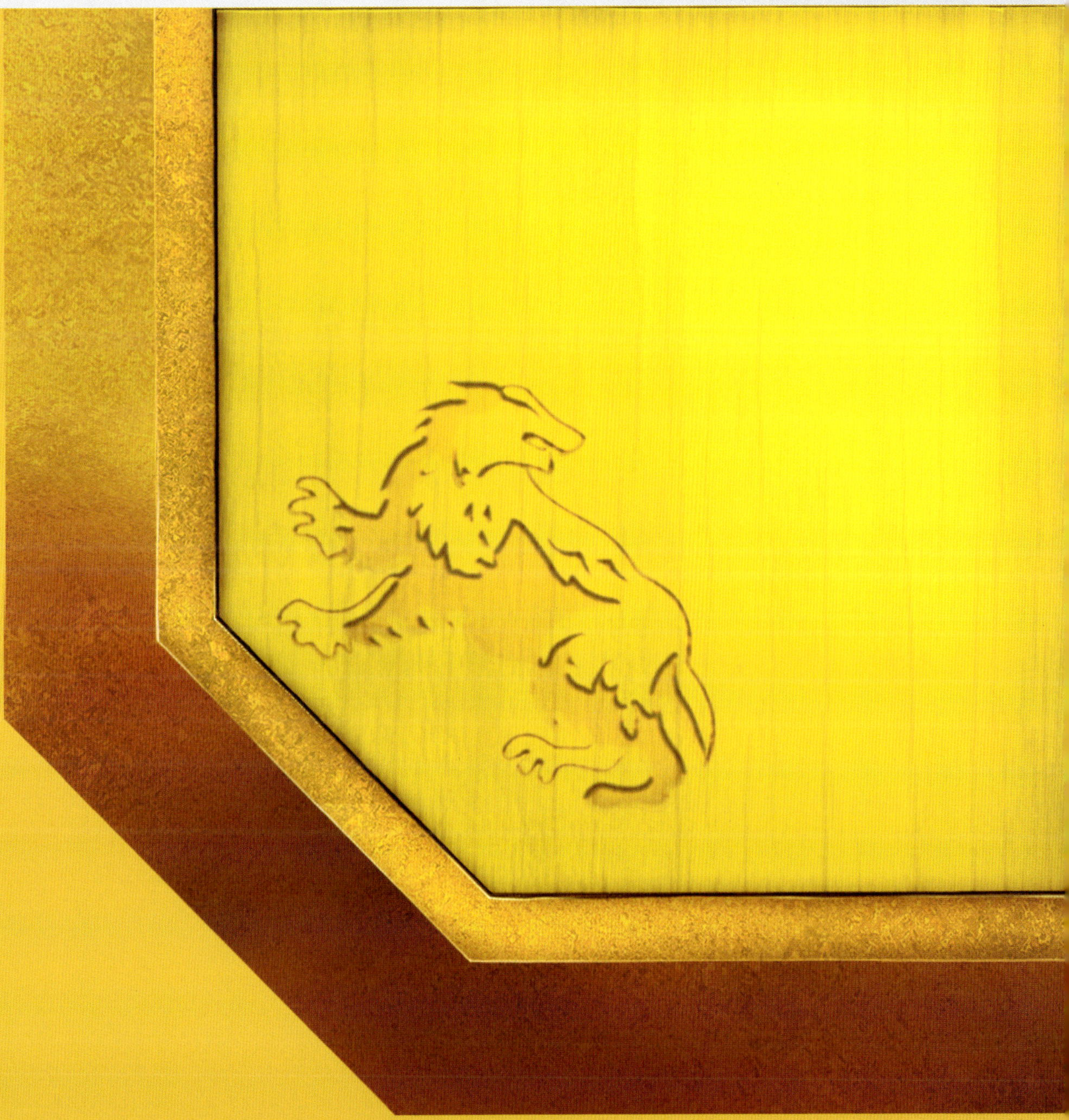

난이도 :

부화하는 노버트

날아다니는 포드 앵글리아

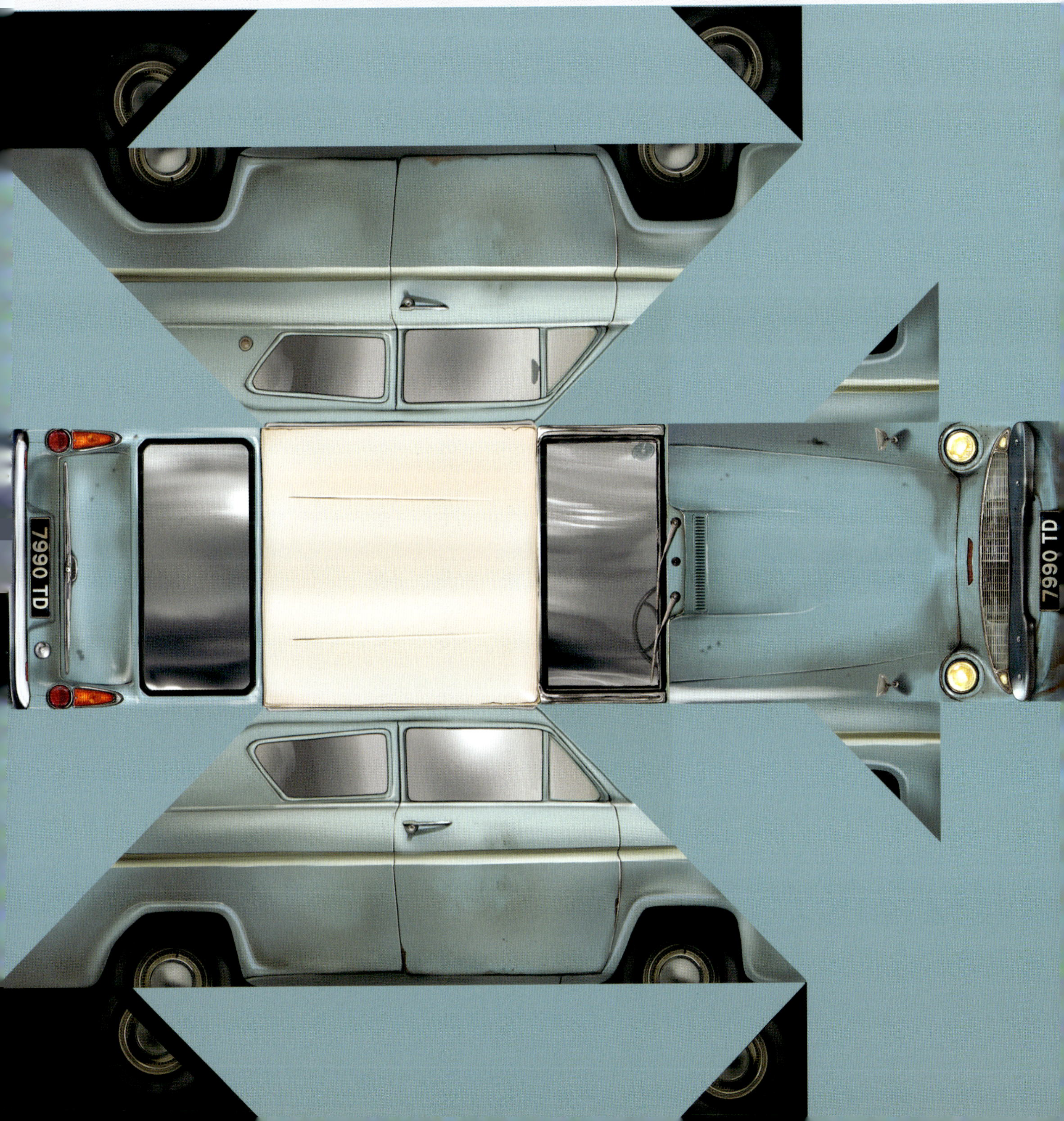

✂ → ┄┄

디멘터

집요정

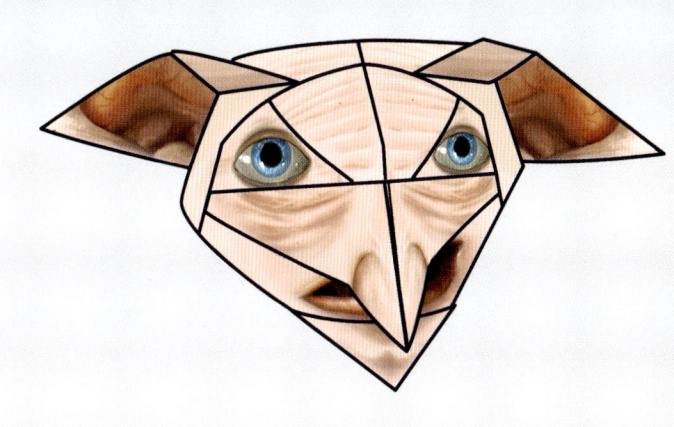

해그리드의 오두막

큰 오두막 Ⅰ

해그리드의 오두막
큰 오두막 Ⅱ

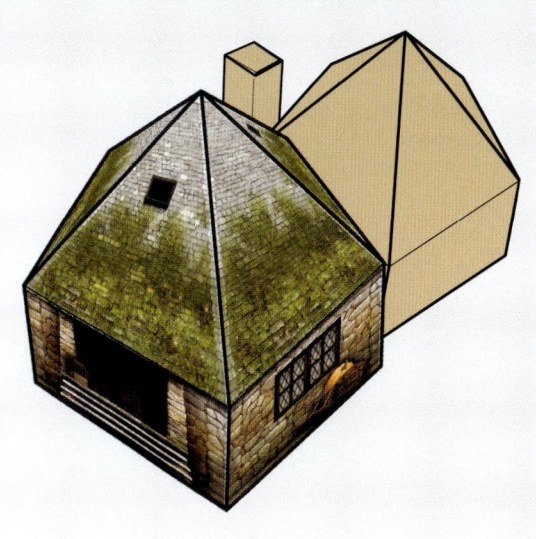

해그리드의 오두막

큰 오두막 IV

해그리드의 오두막

큰 오두막 V

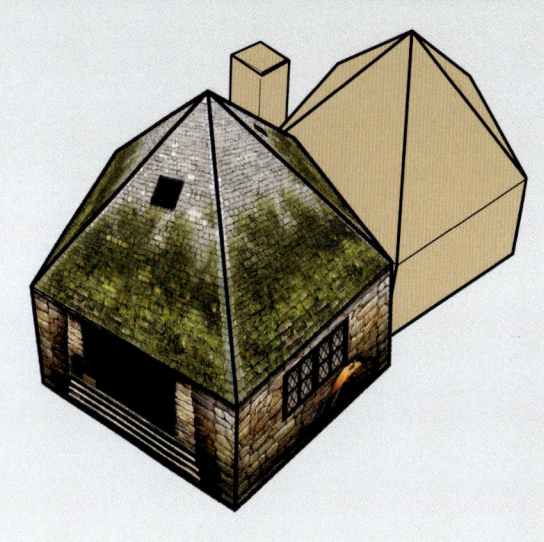

난이도

해그리드의 오두막

작은 오두막 Ⅰ

작은 오두막 Ⅱ

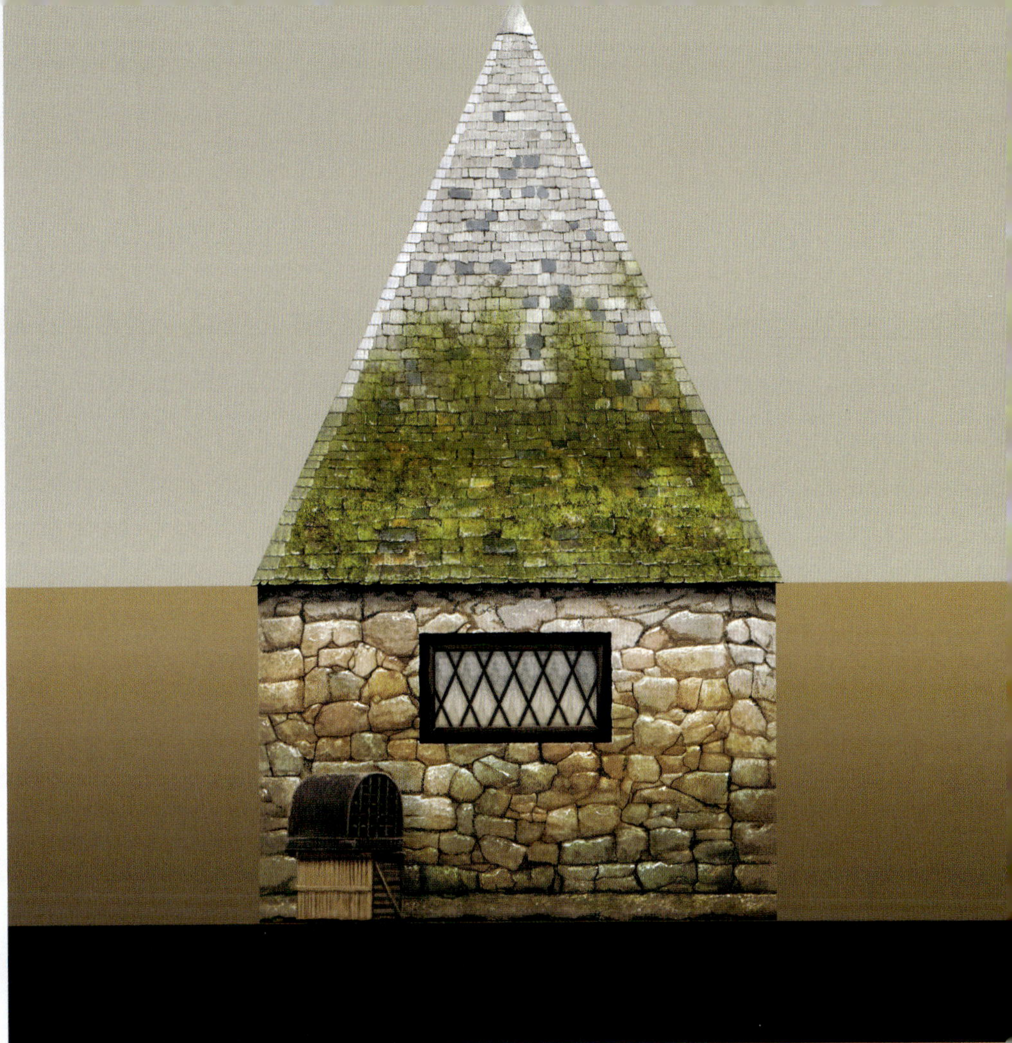

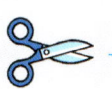

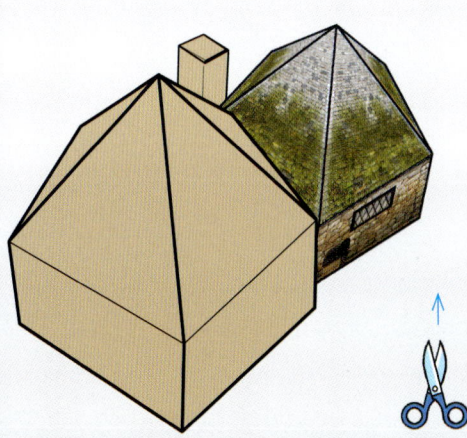

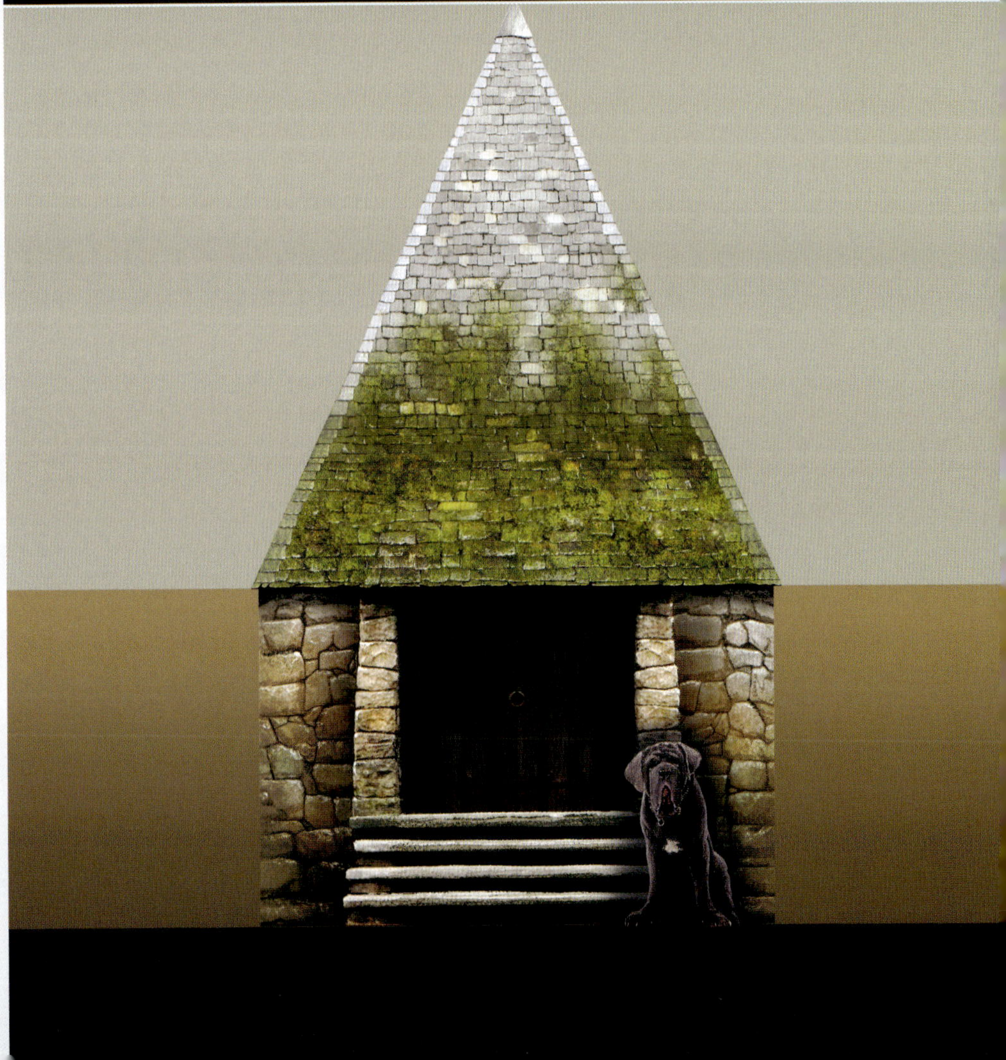

해그리드의 오두막

작은 오두막
Ⅲ

작은 오두막
Ⅳ

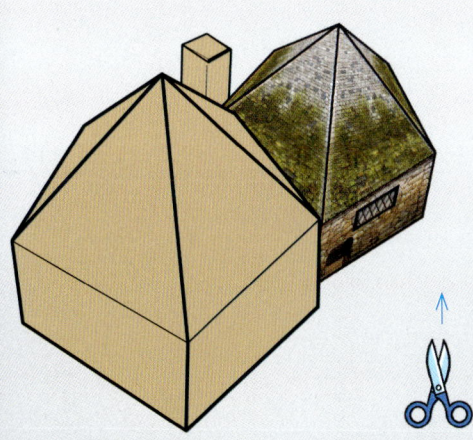

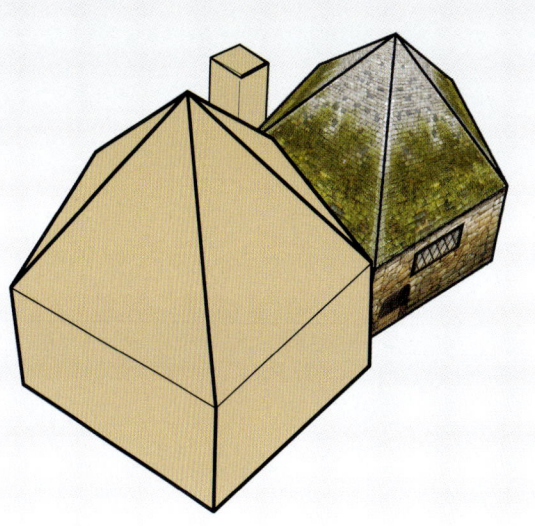

해그리드의 오두막
작은 오두막 V

해그리드의 오두막
굴뚝

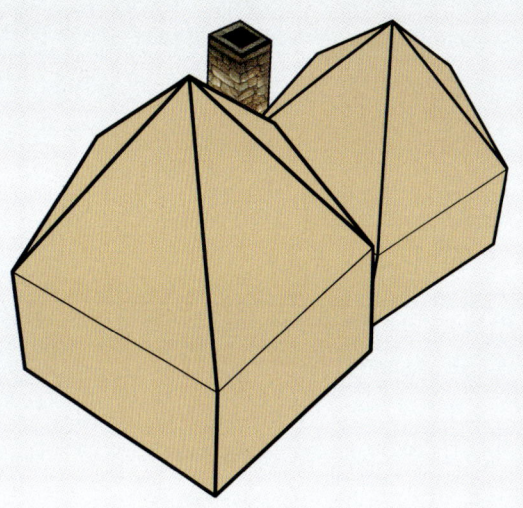